シリーズ「遺跡を学ぶ」076

遠の朝廷

大宰府〈改訂版〉

杉原敏之

新泉社

遠の朝廷（とおのみかど）
―大宰府〈改訂版〉―

杉原敏之

【目次】

編集委員
勅使河原彰（代表）
小野　昭
小野正敏
石川日出志
小澤　毅
佐々木憲一

装　幀　新谷雅宣
本文図版　松澤利絵

第1章　古都・大宰府

1　古都大宰府の風景

現在、太宰府といえば、誰もが学問の神様・菅原道真とその霊廟である太宰府天満宮や周辺の古社寺を想い浮かべる。賑わいをみせる参道や周辺の風景は、さながら奈良や京都の縮小版であり、西国の古都とよぶにふさわしい風情を十分にかもしだしている。

そうした太宰府天満宮の参道前の通りをしばらく西へ進むと、次第に緑が増え、その先の大きな樟の森のなかに、観世音寺《かんぜおんじ》、戒壇院《かいだんいん》といった天平の古刹がたたずむ風景があらわれてくる。そして、さらに西へ進むと大きく開けた場所に出る。古代の役所、大宰府政庁《だざいふせいちょう》の跡である。

そこでは、市民が集い散策する普通の公園と変わらぬ光景があるが、整然とならぶ礎石から、いにしえの建物の跡だとわかる。今日、都府楼《とふろう》とよばれるこの建物跡を、さらに奥へ進んでいくと、一段高いところに三基の碑とともにたたずむ巨大な礎石にたどりつく（図1）。

ほかに類をみない、ていねいに三段に削りだされた礎石は、秀麗とよべるだけでなく、たとえようのない威厳をどこか感じさせる。さらに、背後にそびえる大野城と重ねてみるとき、その感はいっそう強くなる。それは、この地が積み重ねてきた独自の歴史の重さなのかもしれない。

かつて、律令国家の西の拠点として、この地に置かれた巨大な官衙《かんが》・大宰府は、西海道とよばれた当時の九州や周辺の島々を治め、さらに対外交渉の窓口として栄えた。そして、その実態を失った後も、古都大宰府の風景の源にあって、生きつづけている。

それは現在、太宰府市域を中心に広がる、大宰府政庁や水城《みずき》、大野城《おおのじょう》、さらに官衙や社寺など、古代大宰府の時代に造られた施設の跡であり、あわせて大宰府史跡と総称している（図2）。

図1 ●**大宰府政庁跡の礎石と碑**
正殿跡の礎石は平安時代の再建時のままで、柱座の径は60cmを超える。その上に建つ3基の碑、背後の大野城とともに大宰府政庁を象徴する景観である。

図 2 ● 大宰府の位置
かつての筑紫の中心、福岡平野より十数 km 南となる四王寺山南麓の開けた場所に、政庁を中心とする古代大宰府の重要施設は置かれた。鴻臚館を外交の窓口として、玄界灘より続く海路によって半島・大陸とつながっていた。

2　風景の源

大宰府の成り立ち

大宰府は、東アジアの歴史と密接なかかわりをもって成立した。古くは、五三六年（宣化元）、那津《なのつ》に官家を修造して有事に備えた「那津官家《なのつのみやけ》」に、大宰府の軍事的起源を求める意見がある。ただし、記録に登場するのは七世紀に入ってからのことである。『日本書紀』推古一七年（六〇九）、「筑紫大宰《つくしたいさい》」は百済僧の肥後国葦北《あしきた》漂着を報告した。これは、のちの大宰府の呼称につながる「筑紫大宰」の初見であり、外交機能の起源をこの時期前後に求める考えもある。

六六三年（天智二）の白村江《はくすきのえ》の戦いは、大宰府機能の成立を考えるうえでの大きなできごとであった。朝鮮半島に百済復興の援軍を派遣した倭王権（当時の日本）は、白村江で唐・新羅の連合軍に敗れた。この敗戦を契機として、水城、大野城、基肄城《きいじょう》など、北部九州を中心に防衛施設が造営された（図3）。その後、壬申《じんしん》の乱《らん》の際に、筑紫大宰栗隈王《くるくまおう》が「筑紫国はもとより辺賊の難を成《まも》るなり」として、近江朝の援軍要請を断ったことから、この筑紫大宰が白村江敗戦以降に西海の軍事権を掌握していたことはたしかである。

六七三年（天武二）には、「筑紫大郡《つくしのおおごおり》」で高句麗使邯子《かんし》や新羅使金薩儒《きんさちぬ》などを饗応した記録がある。天武朝以降、筑紫で外国使節を遇した記録が多くみられるが、あわせて「筑紫館《つくしのむろつみ》」「筑紫小郡《つくしのおごおり》」などの存在から、那津周辺に饗客施設の整備も図られたのであろう。この筑紫で外交を掌握したのも、筑紫大宰であったと考えられている。

六八九年（持統三）の飛鳥《あすか》浄御原令《きよみはらりょう》の施行は、大宰府の成立を考えるうえでも大きな画期となった。翌年には、「大宰・国司、皆遷任せしむ」として人事発令がおこなわれており、大宰府にかかわる機構の確立がうかがえる。

そして七〇一年（大宝元）、大宝令の制定によって、吉備大宰などほかの大宰が廃止されるに及んで、令制大宰府が正式に発足したと理解されている。

律令制における大宰府

大宰府は、日本の古代律令制における地方最大の官衙である。『養老職員令《ようろうしきいんりょう》』大宰府条によれば、祭祀をつかさどる「主神《しゅじん》」、長官である「帥《そち》」以下五〇名の官人が配され、書記の「書生《しょしょう》」や下級役人の「使部《しぶ》」、雑用に従事した「仕丁《しちょう》」などを含めれば、大宰府に関係する人びとは一〇〇〇人に達したともいわれている。また、中枢である四等官の規模は、「帥」一人、次官の「大弐《だいに》」一人と「少弐《しょうに》」二人、以下、「大監《だいげん》」二人、「少監《しょうげん》」二人、「大典《だいてん》」二人、「少典《しょうてん》」二人の計一二名で、中央官司の定員よりも多く、帥の相当位は従三位で、中央の八省の長官よりも上であった。

大宰府のおもな機能には、外交儀礼、軍事、西海道を中心とする九国三島の統括があげられる。ただし、職員令に正式に規定された独自の職務は、蕃客《ばんきゃく》、帰化《きか》、饗讌《きょうえん》という外交儀礼に関するものだけである。

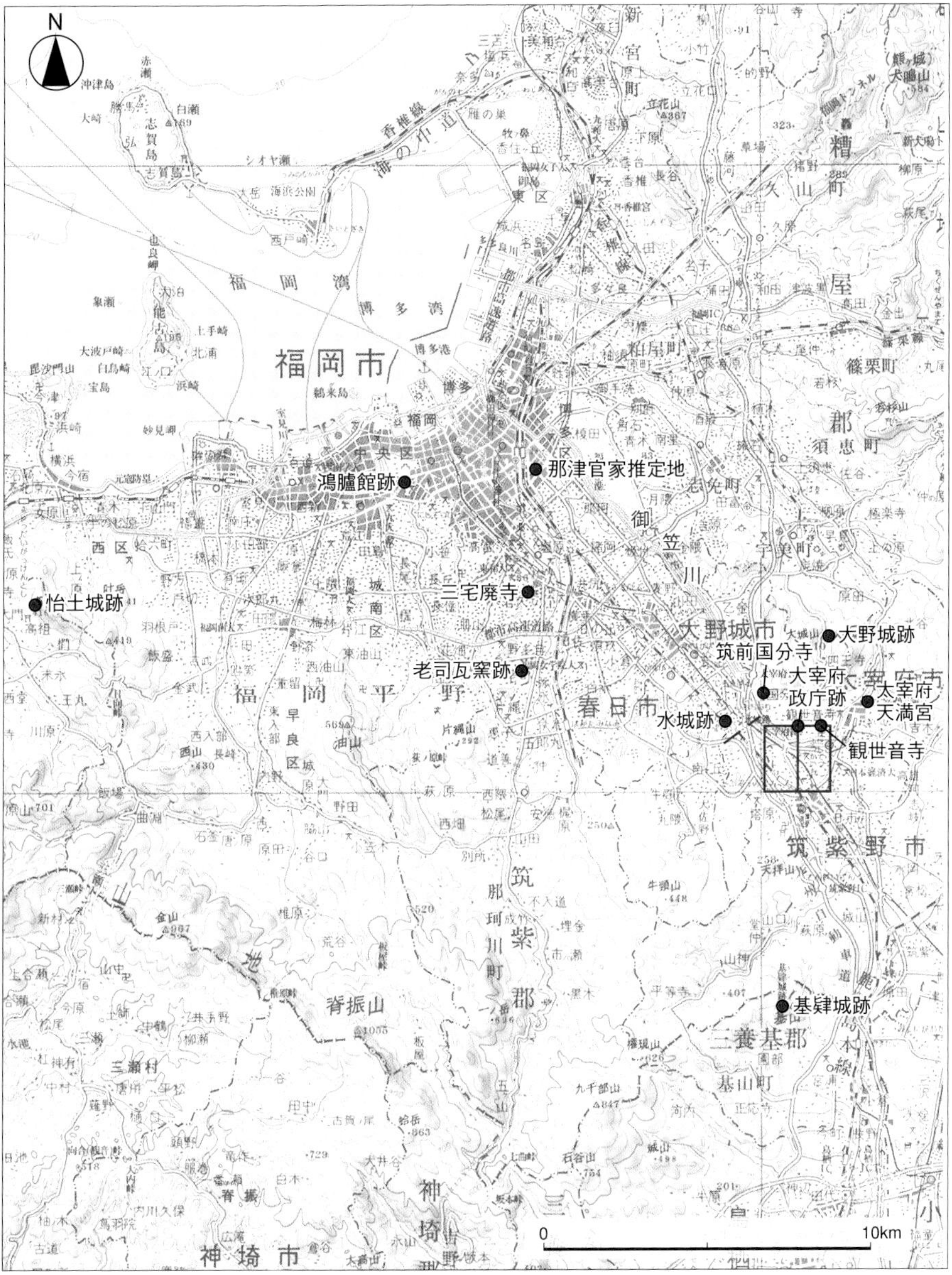

図3 ●大宰府と関連遺跡
白村江の敗戦を契機として、沿岸より奥まった地峡帯に、水城・大野城・基肄城などの軍事施設が造営される。その後、大宰府政庁を中心に都市が整備され、西海道統治と文化の拠点として、多くの官衙や社寺が置かれていった。

蕃客は外国から来た使節の管理・監督、帰化はそれを願う人びとの管理、饗讌は使節に対する饗宴である。とくに饗讌は、おもに新羅使節の来朝に際して外交儀礼をおこなうことで、使節の入京を許可せず、専使を派遣して大宰府でおこなったと考えられている。

軍事権や西海道諸国島の支配権については、職務として明記されていない。帥の軍事権の規定は国守と同様の内容だが、外敵に備える辺境防備を目的とした防人《さきもり》を統括する点は固有の軍事機能といえる。筑紫が対外的な軍事拠点として位置づけられて以後、そのまま歴史的に大宰府に引き継がれた機能であろう。

西海道九国三島は、筑前・筑後、肥前・肥後、豊前・豊後、日向、大隅、薩摩の諸国と、対馬、壱岐、多褹《たね》（種子島、後に大隅国に含む）の三島をさす。この管内の支配権については、国司・郡司など官人の任命権やその養成機関である府学校の存在、また諸国からの調庸物が京進されずにいったん大宰府に送られる徴税制などから、大宰府に実質的な権限があったことはたしかである。

大宰府の時代

律令国家が誕生した八世紀はじめごろは、藤原京から平城京へ遷都が進められた激動の時代であった。中国の都城制を採用した中央の平城京からみると、その大きさは比較にならないが、大宰府はまちがいなく要衝の国家機関として誕生したのである（図4）。

大宰府が西の大海を望んだ先には中国大陸があり、那津に整備された饗客施設・筑紫館を窓口として諸外国との交渉を担っていた。一方、防人を配した西海防備や、南北に広がる西海道において、諸国島の掌握もまた大きな役割であった。そして、みずからも律令国家の威厳を示すため、都にならって施設を荘厳に整備していったのである。

大宰府には都から赴任する官人ら多くの人びとが集った。そのなかで大宰府に華やかな都の文化をもちこんだ一人に、大宰帥大伴《おおともの》旅人《たびと》がいる。大伴旅人は遅くとも七二八年（神亀五）には帥に着任していたことが記録からもうかがえる。政治家としてだけでなく、文人としても才能を発揮して多くの万葉歌を残し、山上憶良《やまのうえのおくら》らとともに「筑紫《つくし》歌壇《かだん》」を形成した。その象徴的なできごとが、七三〇年（天平二）正月一三日、大伴旅人宅で開かれた「梅花《ばいか》の宴《えん》」である（図5）。

この宴には大伴旅人をはじめ、大弐紀男人《きのおひと》、

図4●**大宰府政庁跡と大野城跡**
巨大な大野城を背負う大宰府政庁の姿は、西海統治に軍事力を誇った官衙・大宰府の象徴でもあった。今日の大宰府史跡を代表する風景である。

筑前守山上憶良、筑後守葛井大成《ふじいのおおなり》、笠沙弥《かさのしゃみ》（満《まん》誓《せい》）など、大宰府官人や西海道諸国の国司、島司が参列して、三二首の歌を詠んだ。これは、当時の律令官人が政治だけでなく、文化的交流によってもつながっていたことを示すできごとである。

ところで、万葉歌は、情緒的ではあるものの、当時の情景を知るうえで貴重な資料でもある。少し時代はさかのぼるが、柿本人麿《かきのもとのひとまろ》が筑紫へ下るとき、「大君《おほきみ》の遠《とほ》の朝廷《みかど》とあり通《がよ》ふ島門《しまと》を見れば神代《かみよ》し思ほゆ」と詠んだ。この歌にも表現されているように、大宰府は「大君の遠の朝廷」、すなわち天皇の命を受けた役所であった。

本書では、発掘調査成果を中心として、この「遠の朝廷・大宰府」の姿を復元し、さらに今日の大宰府史跡までの歩みをたどってみたいと思う。その成立前夜についても折々にふれ、前史を含めた約五〇〇年間を、古代大宰府の時代としてとり扱うこととする。

図 5 ●梅花の宴の復元
帥老（大伴旅人）宅でおこなわれた梅花の宴において、大伴旅人は「わが園に梅の花散るひさかたの天より雪の流れ来るかも」と、早春に散る梅の花びらを雪にかさねて詠んだ。近年、令和元号にゆかりある宴としても話題になった。

第2章　大宰府の発掘

1　大宰府政庁の発掘

政庁創建期の遺構

一九九九年三月一六日、私は大宰府政庁正殿《せいでん》跡の発掘調査現場にいた（図6下）。正殿基壇《きだん》の前面に広がる石敷《いしじき》の前で確認した遺構について、横田賢次郎調査課長に説明するためであった。耕作土を除去した後、整地層の上面で方形の遺構がいくつかみえてきたのである。

「おい、この建物を追え」

それをみせるなり、横田課長にはっきりした口調で指示された。さらに力強く、「これだ、これがI期の建物だ」といわれた。

やはり、掘立柱建物《ほったてばしらたてもの》の柱穴《はしらあな》であった（図6上）。礎石を残す正殿基壇をはじめとする上層遺構の調査が終盤にさしかかり、最下層、つまり政庁創建期にあたるI期遺構の確認が急がれていたのである。さらに、五月に開催された大宰府史跡調査研究指導委員会でも、当然この掘立柱建物に審議が集中した。現地でこの遺構を説明する際にも、委員の先生方からきびしい質問が集中したことをいまでもはっきりと記憶している。

大宰府の中枢・大宰府政庁は、いつごろから現在の場所に置かれたのか。――奈良時代に完成する律令国家において、西海道を統治したこの巨大な地方官衙の成立過程は日本古代史における大きな謎の一つともいわれてきた。

その問題を解決するには、政庁など中心施設の動向を確かめる必要がある。これまでも大宰府政庁の発掘調査はおこなわれてきたが、結論を出すには至っていなかった。大宰府政庁の中心建物である正殿の調査は、こうした疑問を解決するうえでも関心が高かったのである。

図6 ●政庁正殿地区の調査（下）**とⅠ期掘立柱建物**（上）
正面にところどころ石敷きがみえる（下）が、一番南の一段落ちたところで柱穴を確認した（上）。その後、四面廂をもつ大型の掘立柱建物であることが判明した。

発掘調査の開始

大宰府史跡の発掘調査は、一九六八年に大宰府政庁の南門・中門跡より開始された（図７）。調査課長の横田賢次郎はこの第一次調査に参加し、政庁の建物の変遷を目のあたりにした数少ない人物である。

「調査の担当者はあらゆる仮定や可能性を考えながら発掘を進めなければならないのである。また、我々一人々も気をつけていかなければならなく、実はこのことが発掘調査の成果をあげる上に重要で、常に注意して作業を進めるよう指導された」

当時を回顧する横田の話は、調査の緊張感を十分に伝えている。第一次調査では、まず現地表にみえる礎石の下で、別の礎石が確認された。それまで、地表の礎石建物は、白村江の戦い直後の天智朝の創建と定説のように伝えられてきたが、さらにその下に別の建物が存在したのである。

とくに、地表の礎石建物は焼土層（図９）をはさんで建て替えられていたことが注目された。さらに南門の基壇下層の土坑《どこう》からは、この焼土に混じって「安楽之寺」銘を消した瓦が出土した。安楽寺とは、九〇三年（延喜三）に没した菅原道真を祀る寺であり、現在の太宰府天満宮の前身にあたる。つまり、この出土瓦は

図７●第１次調査の開始
調査開始直後、中門跡の礎石の検出作業風景。作業員は史跡周辺に暮らす地元の人たちで、右端が横田賢次郎。

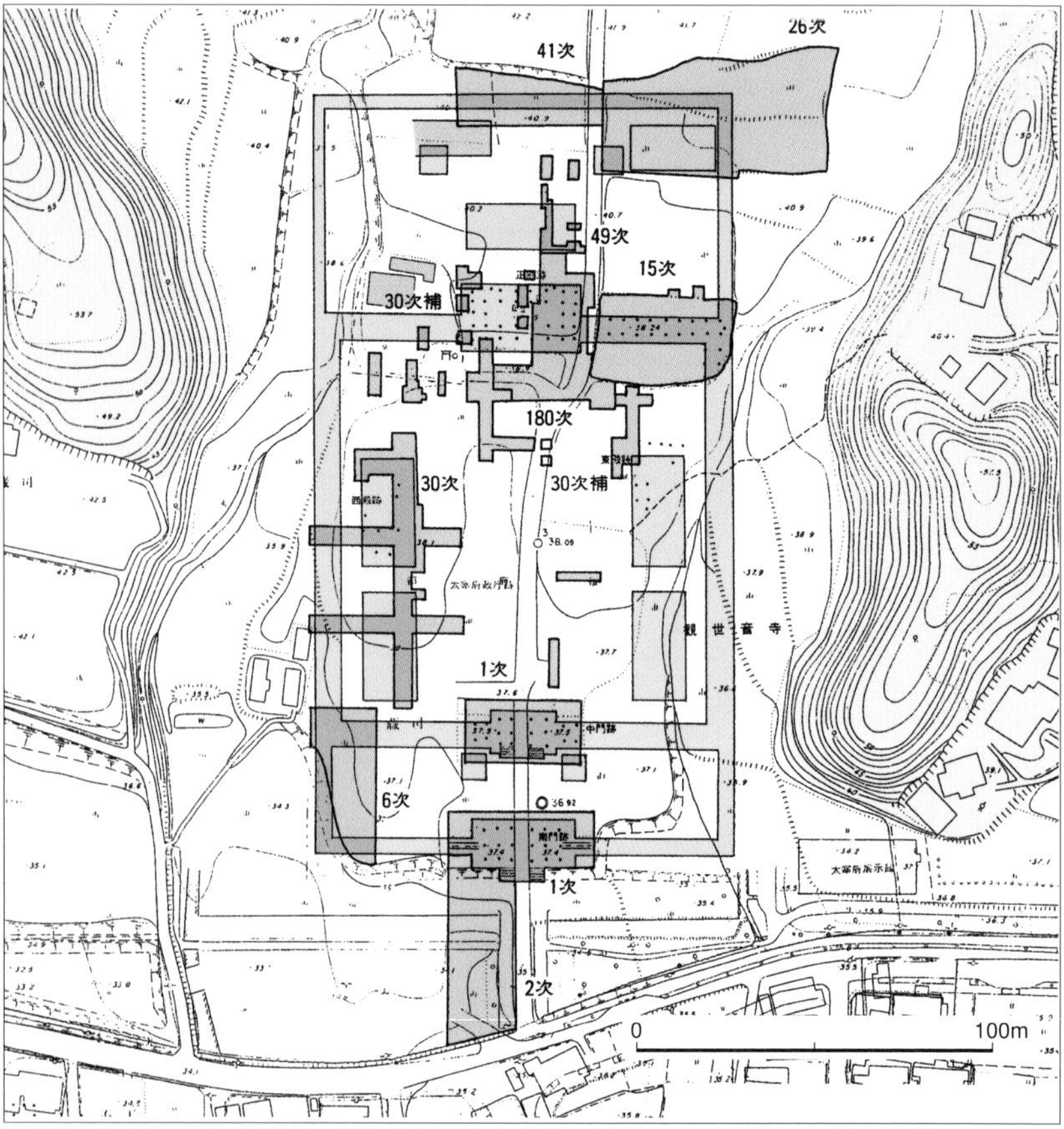

南門跡の発掘

中門跡の発掘

図 8 ●大宰府政庁の発掘調査地域

大宰府政庁は左右対称の官衙建物が想定され、まず中軸線の確定を目的に南門・中門跡の調査をおこなった。その後、回廊・築地、脇殿の調査など、中軸線を基準に建物配置を折り返すかたちで計 11 次の調査を実施、政庁を復元していった。

一〇世紀前半以降に大宰府政庁に転用されたものなのである。

　この事実から、大宰府政庁は一〇世紀中ごろ、大規模な火災によって焼失したことが確実となった。焼土層は、史実に照らすと、九四一年（天慶四）の藤原純友《ふじわらのすみとも》の乱によるものとしか考えられない。したがって、大宰府政庁はこの乱の焼失後に再建されたと理解されたのである。それは、律令制が衰退するなかで、乱後に政庁は再建されなかったという、古代史の定説を覆すものであった。

　この調査では、政庁が大き

図9 ●焼土層と「安楽之寺」銘を消す瓦の拓本
焼土層からは炭化材や赤い焼け土に混じって土器や瓦が出土する。道真の霊廟「安楽之寺」銘を追刻線で消す瓦の出土から、焼土は純友の乱の火災跡とされ、年代が決定された。

図10 ●鎮壇具と出土状況
南門基壇中に埋められた鎮壇具・短頸壺の出土状況。なかには水晶が8つ納められていた。ほかに中門でも2つ出土しており、Ⅱ期政庁の年代決定の根拠となった。

く三時期にわたって変遷したことが明らかになった。最下層のⅠ期掘立柱建物はおおむね七世紀後半であり、Ⅱ期礎石建物は出土した鎮壇具《ちんだんぐ》（図10）から八世紀はじめごろの造営によるものである。そして、現地表のⅢ期礎石建物は一〇世紀後半に再建され、一二世紀前半ごろまで存続した。

この成果は、大宰府の歴史的変遷を考えるうえでも重要であり、今日まで大宰府史跡の発掘調査における大きな基準となっている（図11）。

2 甦る大宰府政庁

大宰府政庁の建物配置

奈良時代のはじめごろに成立したⅡ期政庁は、平城宮などにみられる、都宮《とぐう》の朝堂院《ちょうどういん》形式を採用した礎石建物である（図12）。南門、中門、正殿、後殿、北門を南北に直線的に配置して、正殿から中門へ回廊がコの字形にとりつき、内庭部の東西に脇殿が各

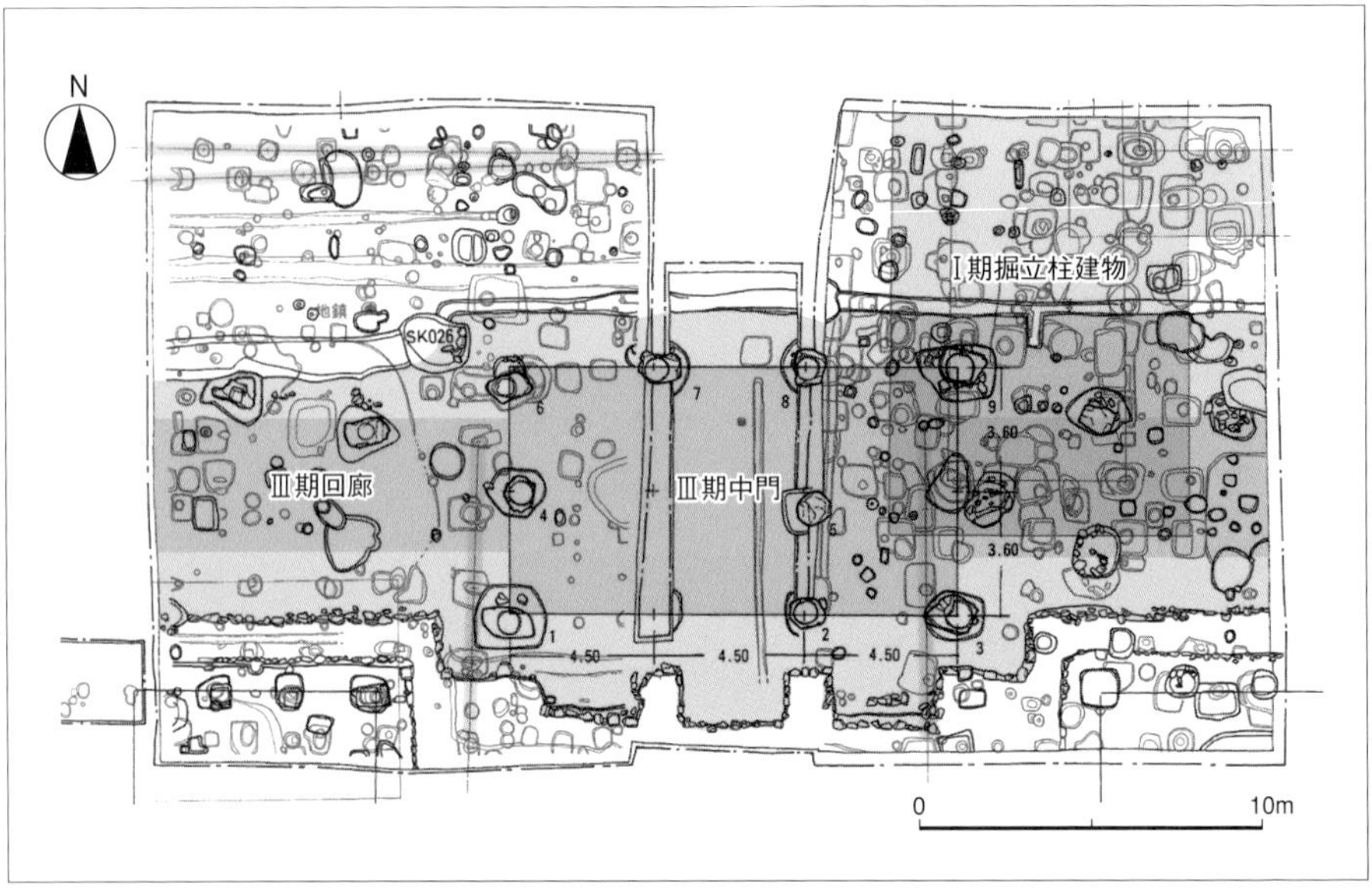

図 11 ●中門地区の遺構配置
回廊がとりつくⅢ期中門の基壇には 3 カ所の階段があり、その下層に重複してⅡ期の礎石や根石がある。東側にはⅠ期の掘立柱建物が集中していた。

二棟並ぶ。そして、北門や南門からのびる築地がそれぞれ回廊にとりついて、南北二一五・一五メートル、東西一一九・二〇メートルの規模となる。

平安時代に建て替えられたⅢ期礎石建物（図13）も、Ⅱ期と同一規模の朝堂院形式で、礎石の多くはⅡ期のものを転用している。ただし、南門基壇を南北方向に各々一・二メートル拡張し、回廊では梁行《はりゆき》の柱間をⅡ期の四・六五メートルから三・九〇メートルに縮小している。そして後殿地区では、楼風の総柱建物を東西に配するなど、Ⅱ期を踏襲しながらも細部で異なる配置をとっている。

もう少しくわしくみてみよう。Ⅱ期大宰府政庁の中軸線（中心線）から折り返した東西各半分の長さは五九・六メートルで、その合計は一一九・二〇メートルである。それを四等分すると二九・八〇メートルとなる。これは大宝令小尺（天平尺、一尺＝〇・二九六メートル）の一〇〇尺にほぼ相当する。大宝令小尺への一本化は七一三年（和銅六）に命じ

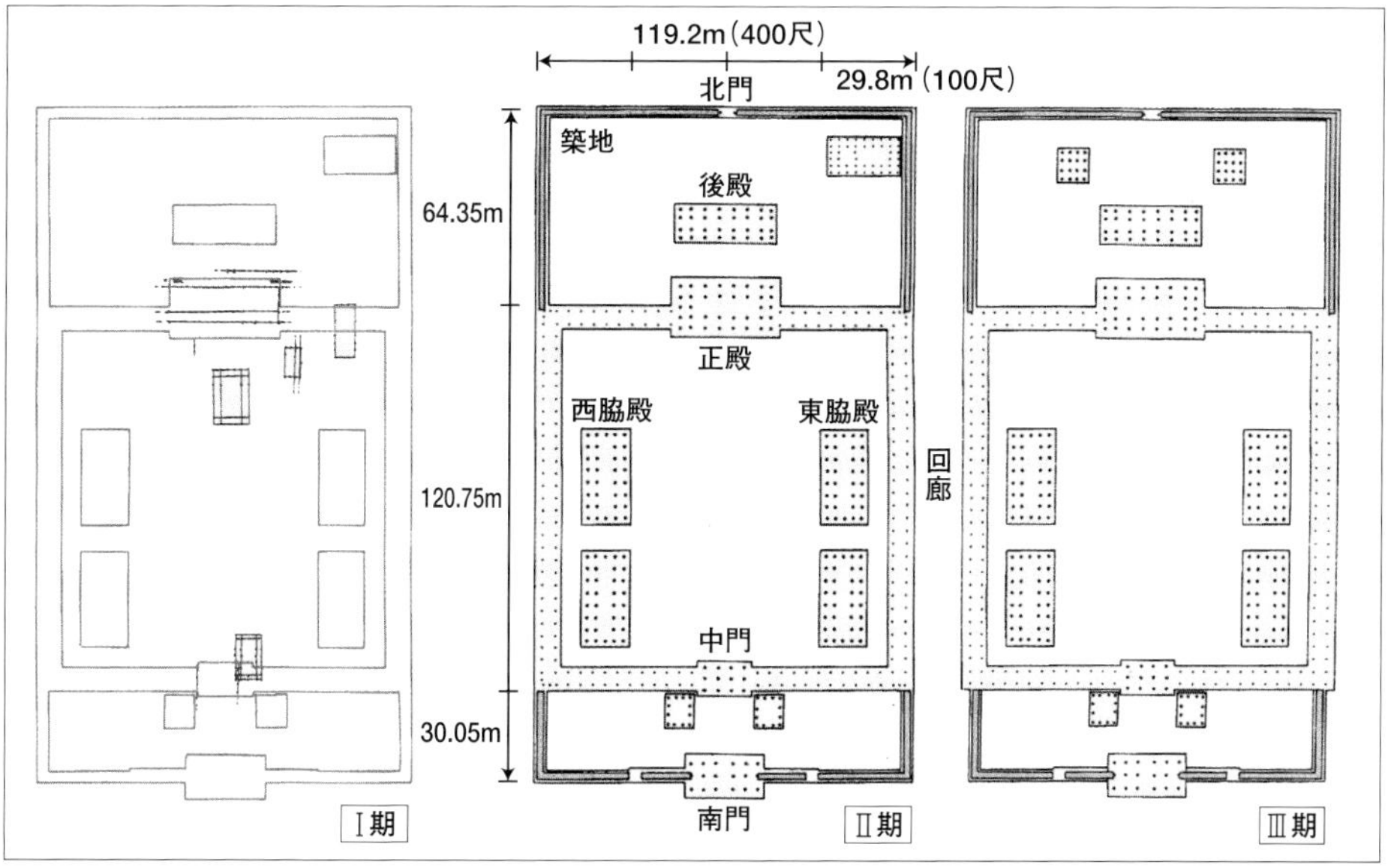

図12 ●大宰府政庁の3時期の変遷
最下層のⅠ期は調査が及んでおらず配置は不明。朝堂院形式を採るⅡ・Ⅲ期の大きな違いは、Ⅱ期の北東隅に掘立柱建物、Ⅲ期の後殿背後に総柱建物がある点である。

られているから、この尺度を採用するⅡ期大宰府政庁の造営は、それ以後ということになるだろう。

和銅年間以降、大宰府には平城京遷都に深くかかわった人物が大宰帥として赴任している。七〇八年（和銅元）には中納言を兼任する粟田真人《あわたのまひと》、七一五年（霊亀元）には造平城京司長官の多治比池守《たじひのいけもり》などの名もある。そして、七二一年（養老五）には、「大宰府の城門に災い」があったという記録もみられ、このころまでにはⅡ期政庁も完成していたのであろう。霊亀から養老年間までに、礎石建ちの大宰府政庁が成立したとみる研究者は多い。

古代律令制の儀礼空間

朝堂院形式は、古代律令制の象徴的な儀礼空間である。広場をとりかこむコの字形の建物配置の奥に置かれた中心建物は、平城宮では大極殿《だいごくでん》とよばれ、天皇が座した場所にあたる。大宰府政庁の場合、それは正殿にあたり、帥の権威を示す空間でもあった。

正殿には、当時の面影を伝える巨大な礎石がいまも残る。この基壇上の礎石は、廂《ひさし》となる周辺部を除き、原位置を保っている。正殿は七×四間の礎石建物で、桁行《けたゆき》二八・五メートル、梁行一三・〇メートル、高さ一〇メートル以上の、外観は二階建てで、正面は吹き抜けの構造であった。また基壇は、凝灰岩切石《ぎょうかいがんきりいし》を使用した壇上積《だんじょうづみ》と考えられ、東西三四・七メートル、南北一九・七メートルの規模である。そして、発掘調査では、前面と後面にそれぞれ三カ所、階段がとりつくことがわかっている。

さらに、中門（図11参照）でも、階段が三カ所にとりつく。門の扉も三カ所で開く三間三戸の門で、太宰府天満宮の楼門《ろうもん》と同じ形式となる。こうした状況から、正門となる南門も正面五間で中央が広くなり、三つの扉と三カ所の階段をもつ形で復元される。

このほか、正殿を中心に回廊にかこまれた内庭には東西各二棟の脇殿が並んでいる。くわしく調査された西脇殿は七×四間の切妻造の建物である。基壇規模は南北三〇・三メートル、東西一五・三メートルの塼積《せんづみ》基壇で、東西に面して各三カ所の階段がある。

大宰府政庁の機能

じつは、この正殿を中心とした大宰府政庁に関する記録はほとんどみあたらず、具体的な政務や儀式の内容については不明である。しかし、その空間構造から、都や国府でおこなわれた儀礼の一部、たとえば元日朝賀（元日の儀式）、告朔《こうさく》（月はじめの行政報告）、官人交替の儀などがおこなわれたと考えられる。

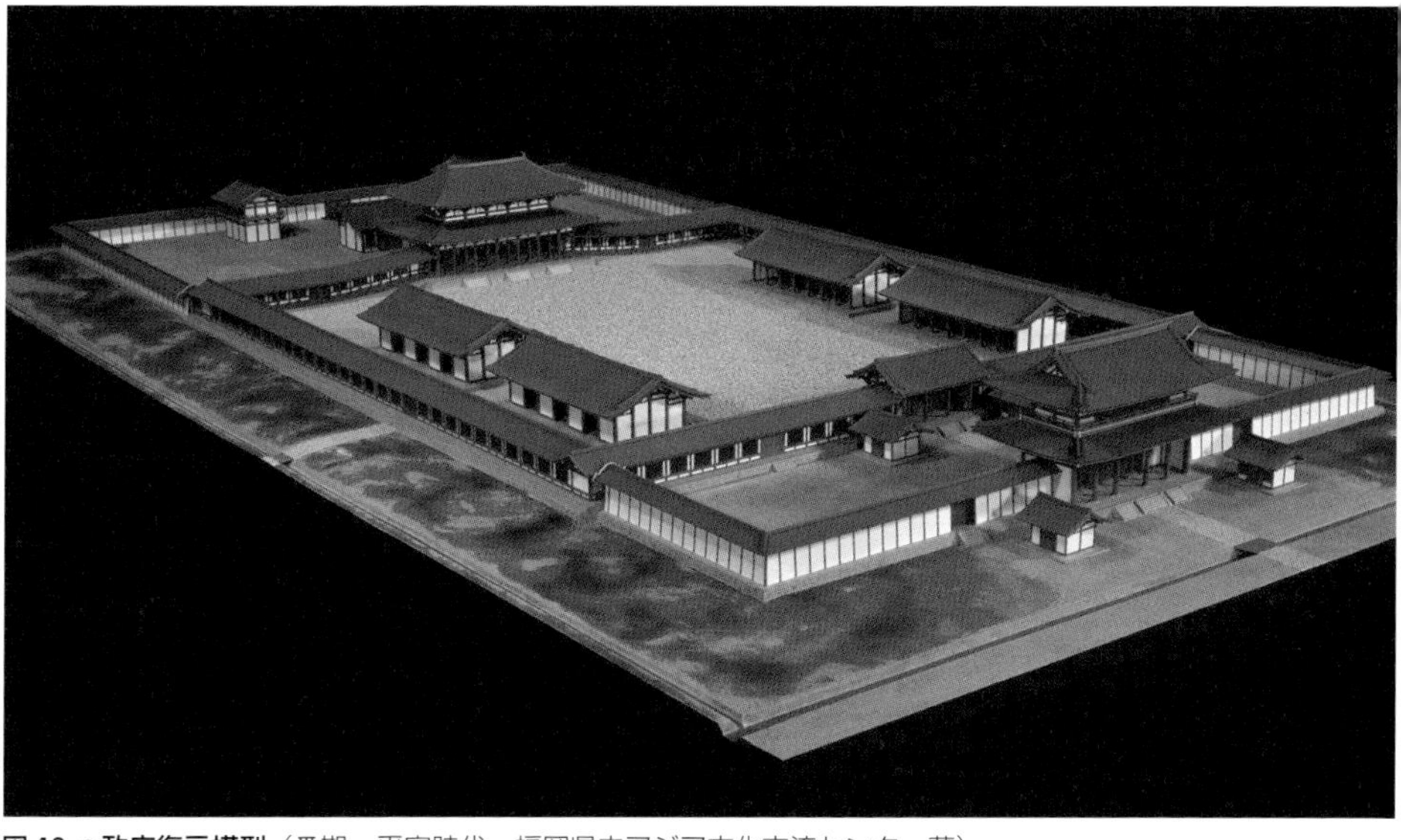

図 13 ● **政庁復元模型**（Ⅲ期・平安時代、福岡県立アジア文化交流センター蔵）
発掘調査をもとに復元。左右対称形で、正面に正殿、左右に脇殿が２棟ずつ並んでコの字形になる。西海道諸国の政庁のモデルになったといわれる。

これに対して発掘調査では、政庁内での官人たちの執務状況を推測させる資料がいくつかみつかっている。Ⅱ期政庁の後背では、八世紀はじめごろに建てられた掘立柱建物の北側の土坑から、八八七点の木簡が出土している（図14）。「長一人膳《ちょうひとりかしわで》」は食品や食材を掌る主厨司《しゅちゅうし》に支給された膳であろう。「御笠團《みかさだん》」や「□百長《ひゃくちょう》」は軍団にかかわるものと考えられる。「貳《に》」や「掾《じょう》」は官名にかかわるもの、「鴨牧麻《かものまきまろ》」「麻《ま》（万）呂《ろ》」「仕丁益人《しちょうのましひと》」は人名であろう。

図14●後背地区の調査と出土した木簡
政庁の北東隅に置かれた8世紀代の建物北側の土坑から、木簡がまとまって出土している。木簡は、出土土器から、8世紀後半ごろに投棄されており、この建物にかかわるものと考えられている。

下級官人から上申される文書様式である「謹《つつしんで》解《げし》申《もうす》事《こと》」をはじめ、多くは削屑である。これはくり返し練習した習書《しゅうしょ》木簡であり、総務的な内容が強い。いわゆる「刀筆《とうひつ》の吏《り》」とよばれた官人たちの修練の一端をうかがうことができる。いずれにしても、政庁正殿の後方に、官人が執務する実務的な空間があったことはたしかである。

このほかに、北面築地の下位の腐植土層からは、「十月廿日竺《ち》志《く》前《ぜん》贄《にえ》驛《うまや》留」銘木簡が出土している。「竺志前」は、八世紀前後に使用されたと考えられる筑前の旧字体であることから、政庁北側には八世紀前後、Ⅱ期政庁成立以前には何らかの官衙が存在していたのであろう。

3　大宰府の成立はいつか

考古学と大宰府成立の問題

古代律令国家における大宰府は、外交、軍事、西海道支配という三つの政治的機能を段階的に確立することによって成立した。この大宰府の成立過程を考古学的にとらえようとすると、いくつかの問題に直面する。それは、歴史上、大宰府そのものが、ある特定の地域内で成立したのではなく、機能的な拡大や機構的再編によって場所も移転し、施設もいく度かの整備をくり返したと考えられるからである。たとえば、福岡平野に置かれた推定「那津官家」の比恵《ひえ》遺跡（図15）や有《あり》田《た》遺跡の三列の柵列（板塀か）にかこまれた掘立柱の倉庫群は、後の筑紫大宰との関係も想定されている。また、六六三年の白村江の戦い後の水城・大野城などの大規模な軍事施設の造営は、それまでの施設を継承したものではない。

それでは、大宰府の中枢・大宰府政庁はいつごろ成立したのであろうか。考古学からこの問題について考えるとき、掘立柱建物を中心とする大宰府政庁のⅠ期遺構が重要な手がかりとなる。なかでも正殿地区の調査では、いくつかの重要な知見が得られている。

政庁Ⅰ期と大宰府の成立期

正殿地区の調査では、従来どおり、Ⅱ・Ⅲ期の礎石建物が確認された。そして、本章冒頭で述べた最下層のⅠ期遺構の調査では、正殿基壇の積土や周辺の整地層を層位的にとらえることにより、三つの小時期に細分することができた（図16・17）。つまり、開始期と考えられる七世紀後半のⅠ期古段階、七世紀の終わりから八世紀のはじめごろとなるⅠ期新段階、礎石建物の造営がはじまるⅡ期造営段階である。

このうちⅠ期新段階には、正殿基壇の下位に重複する大型掘立柱建物、その建物にとりつく板塀（柵列）と並走する東西溝、基壇前面の大型四面廂建物などがあり、正殿周辺に大規模な官衙建物が展開していたことが明らかになった。

とくに注目されるのは、基壇に重複する建物や塀の柱がいずれも抜きとられ、溝とともにⅡ

図15●推定那津官家にかかわる遺構（福岡市比恵遺跡）
縦に細長く三つの穴を掘る、特徴的な柱列がめぐるなかに建物がある。板塀でかこまれた倉庫で、那津官家にかかわると考えられている。

図 16 ● 正殿地区Ⅰ期調査

正殿の東には基壇をえぐる大きな攪乱があり、その下層よりⅠ期遺構が確認された。現在の基壇に平行する溝や柱穴がみえ、基壇の下に潜る状況がわかる。

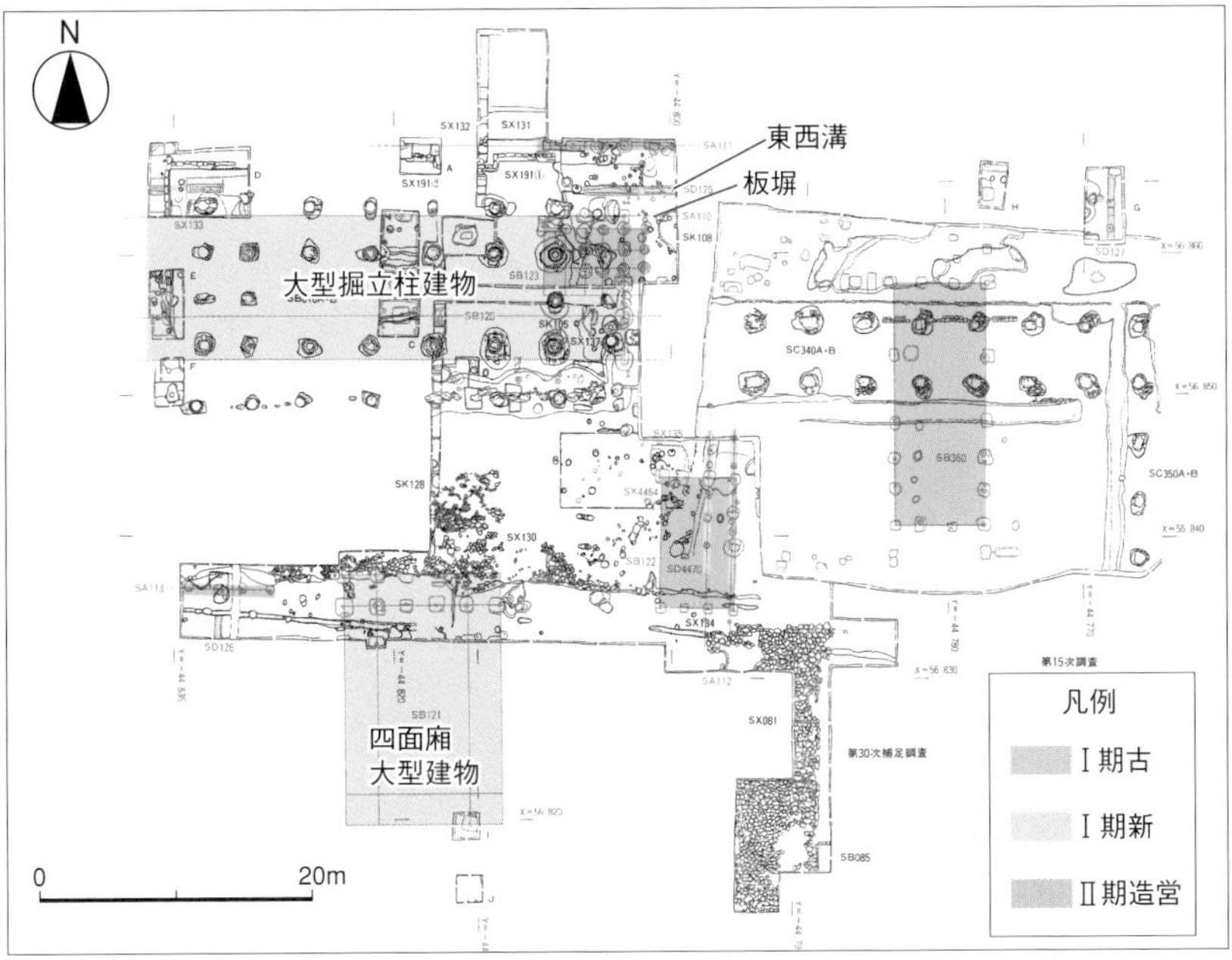

図 17 ● 正殿地区のⅠ期遺構配置

Ⅰ期古段階は南北棟建物が数棟程度、Ⅰ期新段階は基壇に重複し南に廂をもつ建物、板塀、溝、前面には大型の四面廂建物がある。政庁が段階的に整備されていった様子がわかる。これらの建物について、都宮にみられる長舎囲いの四面廂建物からなる政庁との関連で考える意見もある。

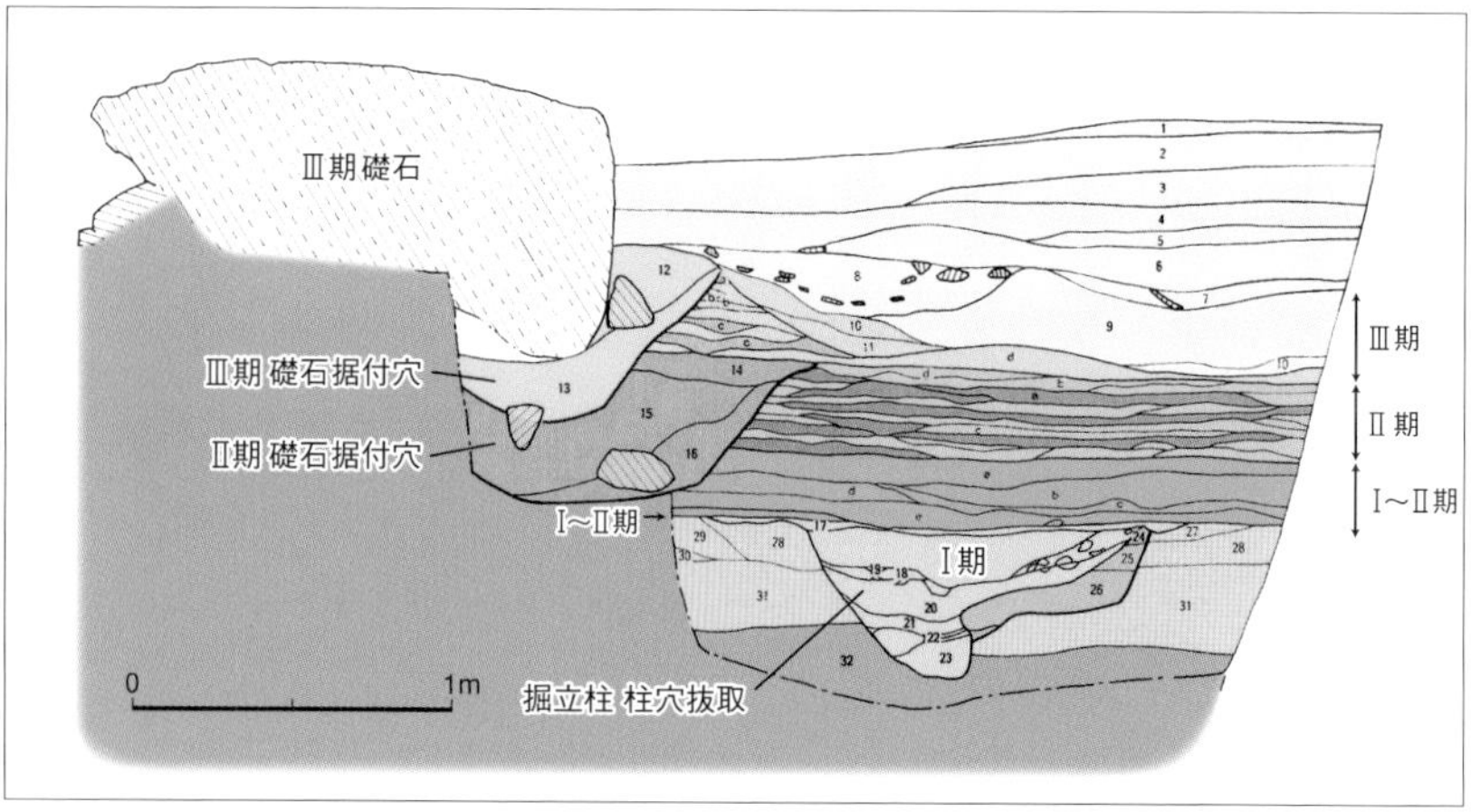

図 18 ● 正殿の建て替えを示す土層
調査では、Ⅲ期礎石の下にⅡ期礎石の跡や積土、Ⅰ期掘立柱建物の柱穴の柱抜取跡を層位的に確認できた。

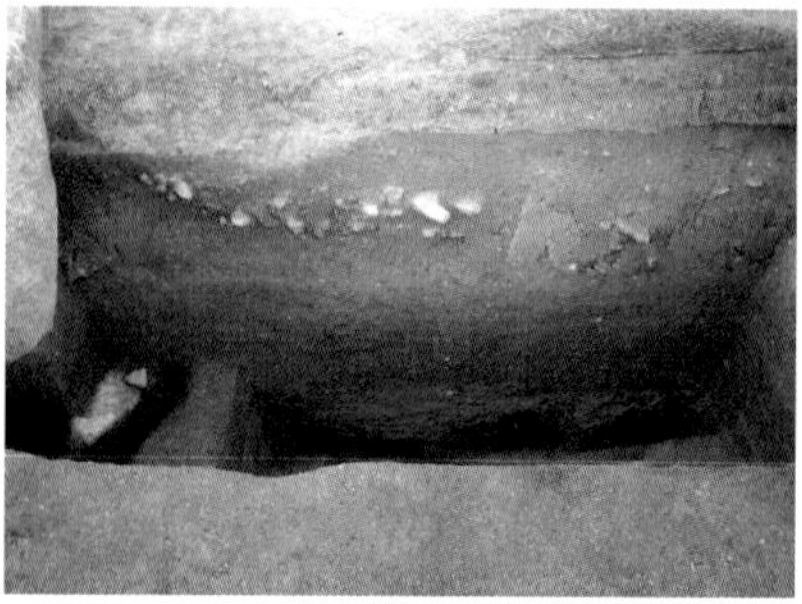
建て替えを示す土層（図 18 に対応）

基壇積土下位の柱穴

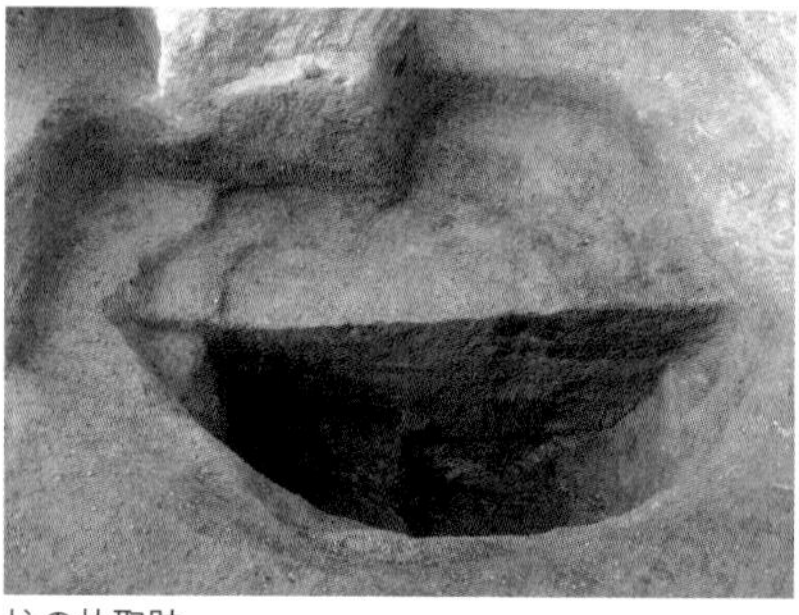
柱の抜取跡

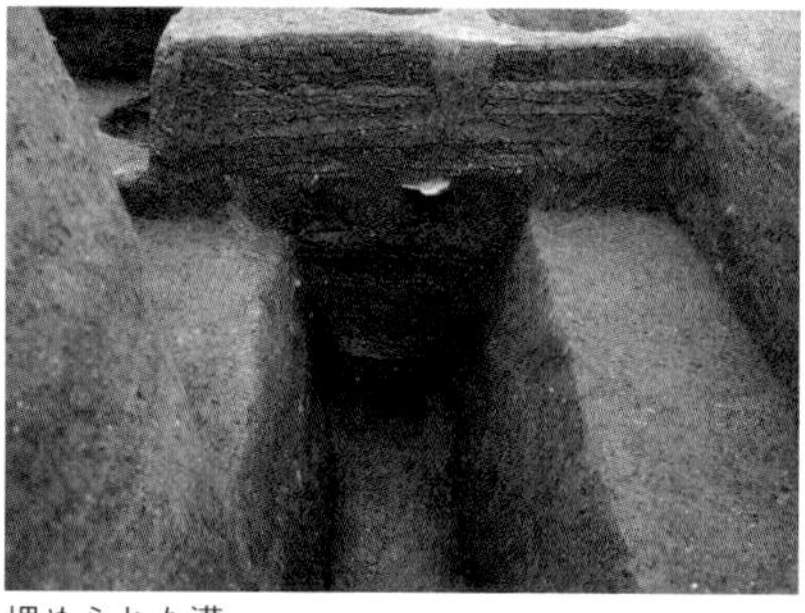
埋められた溝

図 19 ● Ⅰ期遺構の廃絶状況
基壇下位では、柱穴の柱を抜きとって褐色の粘土を埋めたり、溝を基壇と同じ整地層で埋めたりしており、Ⅰ期の廃絶後にⅡ期基壇を造営している。

期基壇の整地層に埋められていたことである（図18・19）。そして、その直後にⅡ期礎石建物の造営が開始されていたのである。つまり、Ⅰ期新段階の掘立柱建物はⅡ期政庁の礎石建物と時間的にも連続し、Ⅰ期政庁の機能的発展のうえにⅡ期政庁が成立したと考えられるのである。あるいは、正殿下位に重複する大型建物はⅠ期新段階の正殿の一部であったのかもしれない。

このⅠ期新段階の施設は、出土土器をみるかぎり、七世紀の終わりごろに置かれたとみてよい。それは、律令制確立の歩みに照らせば、藤原京遷都へむけて大規模な「国づくり」がおこなわれたころにあたり、六八九年（持統三）には飛鳥浄御原令制定という大きな画期がある。

また、筑紫とよばれた福岡平野と筑紫平野を中心とする地域が、筑前と筑後に分かれたのも、六九〇年ごろである。こうした動きのなかで政庁Ⅰ期新段階の建物が整備された可能性が高い。六八九年には、石上朝臣麻呂《いそのかみあそんまろ》と石川朝臣蟲名《いしかわあそんむしな》が筑紫に遣わされ、「新城を監」したという。この「新城」は、政庁Ⅰ期新段階の施設をさすのではないだろうか。

このような状況から、Ⅰ期新段階の掘立柱建物は七世紀末ごろに成立し、大宝律令が制定された後も存続したことはたしかである。おそらく都が平城京に遷都された後、Ⅱ期政庁の造営が本格的に開始されるまで存続したのであろう。

では、いつごろからこの場所に大宰府政庁につながる施設が出現するのだろうか。政庁内のⅠ期古段階の建物は、七世紀後半以降に比定されるが、南北の建物や柵など断片的な内容にとどまっている。それを歴史事象に照らせば、白村江の戦い直後に都府楼地区に移転した施設の可能性が高い。だが、まだ多くを語れない状況である。

第3章　軍都・大宰府

1　国防の最前線・筑紫

東アジアの動乱

七世紀はじめ、倭王権は五六二年（欽明二三）の「任那《みまな》」滅亡で失った朝鮮半島の基盤を回復するため、新羅への派兵を開始する。だが、六〇二年（推古一〇）、来目皇子《くめのみこ》が撃新羅将軍となって征討準備を進めるも、筑紫で病死してしまう。さらに征新羅将軍当摩《たぎま》皇子の派兵計画も頓挫する。この大規模な派兵計画の失敗は、対外政策の大きな挫折となった。

倭王権の新羅政策と前後する五八九年には、中国大陸で隋が国内を統一する。この事件は東アジアの国際関係に大きな影響を与えた（図20）。倭王権は、新羅への派兵計画失敗を教訓に、厩戸《うまやど》皇子（聖徳太子）の進言によって遣隋使の派遣を開始するのである。それは中国を盟主と仰ぐ、明らかな協調外交路線への転換であった。

しかし、隋が滅んで唐が興ると、東アジア情勢は一気に軍事的緊張を増すこととなる。唐は、隋と同じく高句麗への軍事行動をおこない、また百済と新羅はそれぞれ、唐への朝貢による擁護を受けようとして、半島での基盤強化を目論むのである。その後、侵攻をくり返す百済に対して、新羅は唐に使者を送りながら軍事要請を続け、高句麗制圧に難航していた唐がそれに応えて百済への攻撃を優先した。これによって、百済は危機的状況に立たされる。さらに新羅の武烈《ぶれつ》王が即位すると、百済への攻撃はより激化していった。

白村江の戦い

六六〇年七月、百済は唐の蘇定方《そていほう》によって滅ぼされた。この悲報は倭にも届き、一〇月には百済の使者鬼《き》室福信《しつふくしん》が、倭に来朝していた王子余豊璋《よほうしょう》の返還と百済復興の援軍を要請する。

　これを受けた斉明天皇は、六六一年（斉明七）の冬に難波を出て筑紫へと向かった。そして三月には、娜

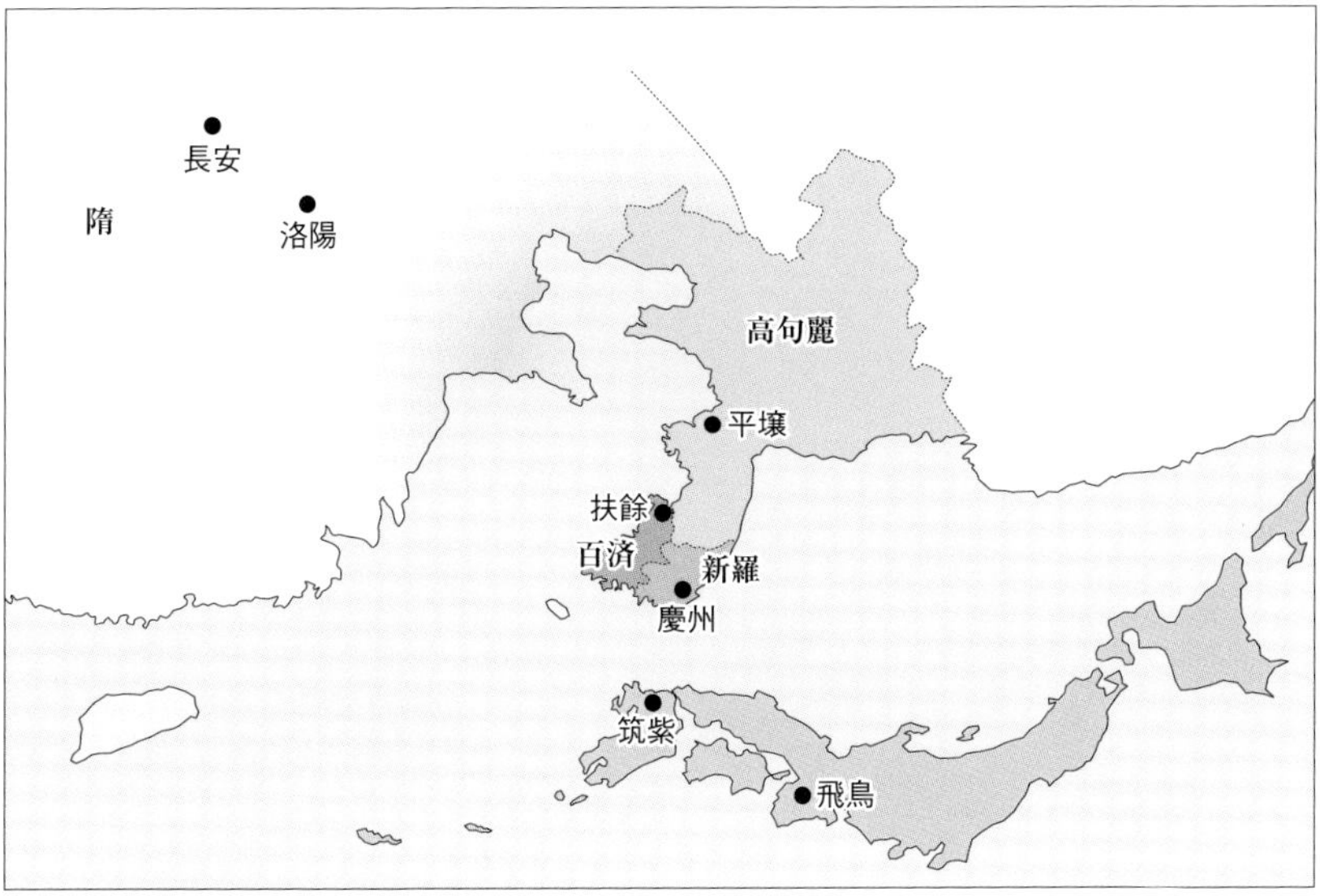

図 20 ● 7 世紀の東アジア情勢
隋の中国統一によって、中国を盟主とする東アジア世界が成立する。諸国は朝貢による親交政策をおこなうが、それでも朝鮮半島三国の軍事的緊張は続いた。

大津（那津）に上陸して磐瀬《いわせ》行宮《かりみや》に入る。さらに五月には朝倉《あさくらの》橘広庭宮《たちばなのひろにわのみや》へ遷り（図21）、朝鮮半島への派兵の準備を進めるが、七月に死去してしまう。

その後、息子の中大兄皇子は即位することなく磐瀬宮《いわせのみや》（長津《ながつの》宮《みや》）へ遷ったが、ほどなく斉明天皇の亡骸とともに飛鳥へ戻っていった。この斉明天皇にゆかりのある、筑紫の二つの宮跡はまだ確認されていない。朝倉宮は現在の朝倉地域に比定する意見があり、長津宮は福岡平野の那津周辺に置かれたのであろう。

そして六六三年八月、百済復興を目的とした倭軍は、朝鮮半島南部の錦江《きんこう》河口で唐・新羅の連合軍と戦った。世にいう、白村江の戦いである。唐の戦艦一七〇艘と戦を交えるが、四〇〇隻の船が沈み、倭軍は大敗した。この戦いの最中に、百済王余豊璋は船に乗って高句麗に逃げ、行方不明になっている。

こうして、この年の九月、百済は完全に滅亡した。この敗戦によって、唐・新羅軍の海路を越えた倭への侵攻は現実的なものとなった。

図 21 ●朝倉橘広庭宮が置かれた筑紫平野
斉明天皇が造営した朝倉宮は筑紫平野に推定されるが、まだ確認されていない。平野の中央を流れる筑後川は、有明海に連絡する交通の要である。

筑紫の軍都

『日本書紀』によれば、六六四年（天智三）に「対馬島・壱岐島・筑紫国等に防《さきもり》と烽《とぶひ》とを置く。

また筑紫に大堤を築きて水を貯えしむ。名づけて水城《みずき》という」とある。さらに翌年には、「達率答㶱春初《だっそつとうほんしゅんそ》を遣わして、城を長門国に築かしむ。達率憶礼福留《おくらいふくる》・達率四比《しひ》福夫《ふくぶ》を筑紫国に遣わして、大野および椽《き》、二城を築かしむ」ともみえる。これらの記録から明らかなように、白村江の敗戦によって、唐・新羅の脅威にさらされることとなった倭は、有事に備えた伝達手段として烟《けむり》や火をあげる烽火《のろし》を整備し、また西海防備のための防人を置いて外敵の侵攻に備えた。そして、百済の亡命官人の指揮のもと、水城、大野城（図22）、基肄城など、大宰府の防衛施設を造営していった。

さらに、この筑紫を前線とする国防計画により、六六七年（天智六）に大和国に高安城、讃岐国に屋島城、対馬国に金田城などが築城され、畿内までを山城でつなぐ防衛ラインが整備されていったのである。

あらためて大宰府をみると、政庁の北に大野城、南に基肄城、北西に平野を遮断する水城がそれぞれ築かれている。さらに水城の西側には、尾根間の谷を埋めるよう

図22 ● **水城と大野城**
平野を遮断する水城は、丘陵にとりついて東の大野城に接続する。両者が一体となって福岡平野から侵攻する北からの敵に備えたことがわかる。

に上大利《かみおおり》・大土居《おおどい》・天神山《てんじんやま》などの小水城が、基肄城の東には、とうれぎ・関屋土塁《せきやどるい》がそれぞれある。また近年では前畑遺跡も発見された。こうした山城と城壁にかこまれる構造から、「大宰府羅城《だざいふらじょう》」ともよばれ、百済最後の王都となった泗沘都城《しひとじょう》との関連も指摘されている（図23）。

この時期、大宰府の軍事機能を端的に物語る記録がいくつかみられる。そのなかでも、六七二年（天武元）には、すでに述べたように、壬申の乱の際に筑紫大宰栗隈王が、辺境防備を理由に近江朝の援軍要請を断った記録が注意される。

このような状況から、筑紫大宰とよばれた当時の大宰府が、白村江敗戦以後に強大な軍事施設を造営して西海の軍事権を掌握した、いわば軍都であったことはたしかであろう。

2　平野を遮断する水城

長大で堅固な土塁

水城（図24）は、福岡平野から筑紫平野へ抜ける際、平野がもっとも狭くなる筑紫野地峡帯とよばれる場所に築かれた。今日でもいくつかの交通網が交錯する陸路の要衝である。

長さ約一・二キロの土塁は、東西の丘陵にとりついて平野を遮断し、中央の御笠川で東西に分かれている（図24）。大きく上下二段につくられており、上段の上成土塁《じょうせいどるい》は高さ七～一〇メートルの逆台形を呈する。前面の傾斜は、残りのよいところで約七〇度近くあり、中段にテラスがある。これに対して、基底部となる下成土塁《かせいどるい》は平坦で、幅は八〇メートル程度である。

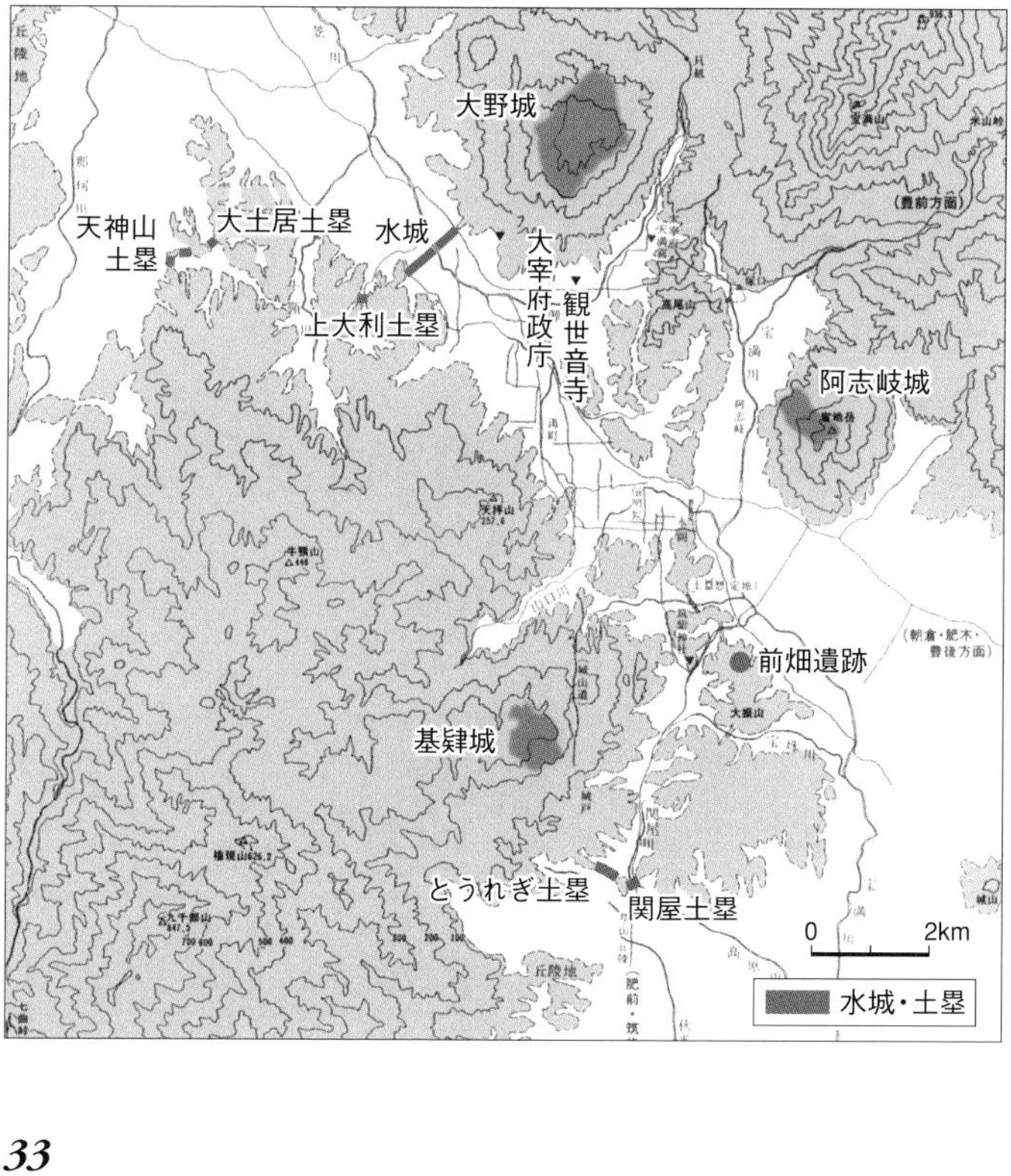

図23●扶餘と大宰府
百済最後の都・泗沘（扶餘）では、北に扶蘇山城、西から南には自然の要害・錦江をとりこみ、東には土塁を築く。南北に城を配して土塁をめぐらせる、大宰府の城郭構造と多くの共通点がある。写真は、錦江から望む扶蘇山城。なお近年、大宰府では、基肄城と阿志岐城のあいだに古代の土塁状遺構・前畑遺跡が確認された。大宰府における「羅城」の議論が起こった。

発掘調査によって、この水城土塁の工法がいくらかわかっている。上成土塁の調査をおこなった西門地区では、積土の状況をくわしく観察することができた。花崗岩の風化バイラン土と粘質土を交互に突き固める工法で、山城の版築工法とも共通する（図25①）。堰板そのものは確認できていないが、テラスの中段では堰板をとめたと考えられる柱穴を確認した（図25②）。積土は非常に硬く締まり、唐鍬で掘ってもなかなか歯が立たず火花が出る。この層を広げると、「突棒」で突き固めた径一〇センチ程度の凸凹の痕跡がみつかった（図25③）。

図24 ● 水城の遺構
土塁は、中央の御笠川で東西に分かれ、さらに西側は鉄道によって分断される。前面には、幅約60 mの外濠があり、木樋によって内濠から水を注いだ。土塁の東西には門が置かれ、官道が通過している。中央を流れる御笠川は自然の要害として利用された可能性もある。

一方、基盤となる下成土塁の積土は様相が異なる。黄褐色粘質土と花崗岩バイラン土の混土層が三〇センチ程度の厚い間隔で積まれている。とくに注目されるのは、砂質層の地山の上に枝葉を敷きながら粘質土を互層にして積土する、地盤補強技術である（図25④）。

実際、水城が置かれた場所は、中央に御笠川が北流する沖積地にあり、地盤も軟弱である。大宰府では、この技術を敷粗朶《しきそだ》工法とよんでいるが、畿内の狭山池でも同じ技術がみられ、多くの研究者は朝鮮半島の百済に起源を求めている。

敷粗朶の樹木を分析すると、常緑樹一〇種、落葉樹三種で、クスノキ科やブナ科が多い。とくに注意されるのは、葉が伐採直後から長時間放置された状態でなく、常緑樹の葉質が薄いことや果実の未成熟な状態から晩春から夏にかけて伐採されたと推定されることであ

①上成土塁の積土の内部調査

②堰板をとめていたと考えられる柱穴

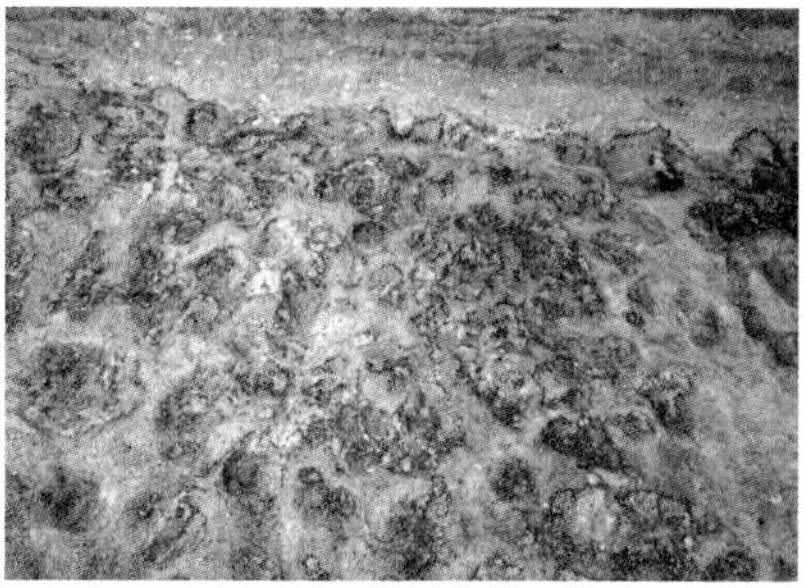
③棒で突き固めた跡

④最下層に敷き込まれた粗朶

図25 ●水城の土塁構造
下成土塁は軟弱地盤の敷粗朶工法と厚い積土、上成土塁は薄く緻密で強固な積土である。突き棒の痕跡から、連続的に積土を突き締めたことがわかる。

る。つまり、水城の築造は夏ごろに開始されたことになる。白村江の敗戦は八月だから、あるいはその直後だったのだろうか。

水を貯えしむ

「水を貯えしむ」といわれた水城の貯水方法については古くから議論があり、かつては中央を北流する御笠川を堰き止めてダムのように水を貯めていたと理解されることが多かった。

　この問題は一九七五年の発掘調査によって解決した。水城の土塁前面となる博多側に幅約六〇メートルの外濠が確認されたのである（図24参照）。腐植した真っ黒な粘質土が最深部で約四・五メートルも堆積し、六〇メートル先で浅くなり、立ちあがっていた（図26）。明らかに水が貯えられていた跡であろう。

　また、あわせて一九三〇年に確認した木樋も再調査された。土塁基底部に埋設された木樋は、

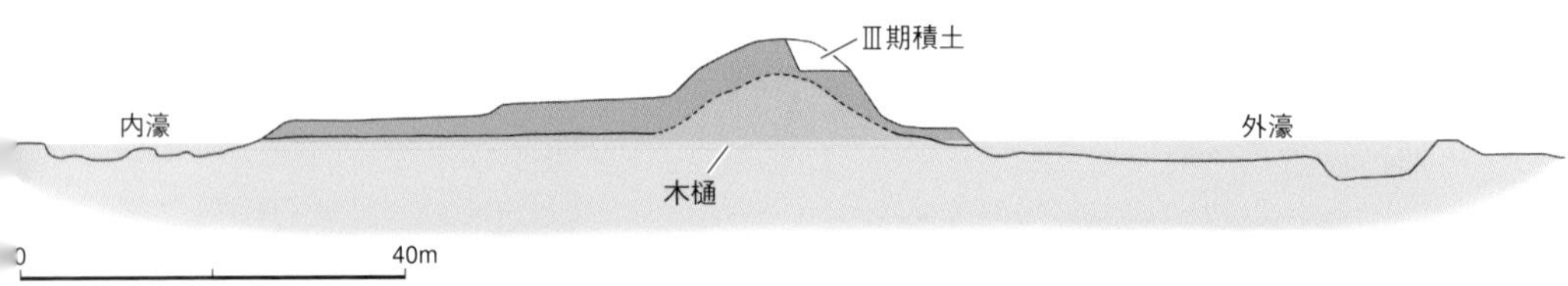

外濠に堆積した真っ黒な粘質土

外濠の立ち上がる部分

図 26 ● 水城の断面と外濠の調査
外濠の堆積には腐植した真っ黒い粘質土や砂層があり、堆積と流水をくり返した痕跡であろう。外濠は御笠川の西側付近では9世紀ごろまで埋没せず、確実に機能していた。

わずかな傾斜や流水の痕跡から、内濠から外濠へ水を流す導水管の役割をしていたことが明らかとなった。この木樋は、幅七〇センチの底板二枚を鉄の鎹《かすがい》でつなぎとめ、約八〇センチの側板を立てて造られており、断面は箱形になる（図27①）。内法は縦七〇、横一一六センチで、一枚の底板は六メートル以上ある。そして、内濠側の取水口（図27②）では、木樋に直交する横樋も確認された。木樋の関連施設は抜きとりや推定を含め四カ所ある。

　ところで、この導水管の木樋を通って外濠に水を流し込む構造はわかったが、どのように外濠に水を貯えたのか。現状でも、土塁の西側から中央の御笠川付近とは標高差が約八メートルもあり、そのまま水を貯めるには問題がある。外濠内には直交する堰を設け、棚田のように水を貯える構造も想定される。また、御笠川西側の調査では、外濠が幅六〇メートルにわたって断面レンズ状の形をとるのではなく、少なくとも土塁際で幅九メートル前後の溝があり、さらに濠内に並行する幾重かの溝が存在することが確認された。外濠の貯水構造は、かなり複雑なものらしい。このほか、土塁がとぎれる中央欠堤部では石組遺構が確認されており、貫流する御笠川の水を堰の上から越流させる「洗堰」と考えられている。

①木樋の底板

②内濠側の取水口と横樋

図27 ●水城の木樋

土塁の3カ所で確実に埋設されているが、西門の東では溝が掘られたのみで木樋は確認できなかった。取水口では樋の上部に栓を設け、それを外して水を流し込んだと考えられる。

境界の地・水城

さて水城は、防御施設であると同時に大宰府の内外を隔てる境界の地でもあった。そのため土塁の東西に設けられた門には、大宰府郭内へ通じる官道が通っていた。このうち筑紫館（のちの鴻臚館）から西門へと続く官道は、通称西門ルートとよばれている。

この西門地区の調査では、大きく三時期にわたる門の変遷が明らかとなった（図28）。築堤期であるⅠ期は掘立柱式で、一間となる門の柱間は四・二二メートル、切り通しの両壁は積石で補強されている。Ⅱ期は八世紀はじめごろに礎石式となり、三間一戸の八脚門が想定される。これは大宰府政庁と同じく、律令制成立による整備であろう。さらに九世紀ごろに比定されるⅢ期の門は、土塁を大きく改修し、暗渠や石列などを埋設している（図29）。土塁頂部で瓦が出土することから、重層の門が想定される。

図28●西門（下）とⅠ期の柱穴（上）
西門地区では、Ⅲ期の石垣の下からⅠ期の石垣や門の柱穴が確認された。柱穴の掘方は一辺2mの正方形で、径50cm程度の柱根が残っていた。

ところで、『続日本紀』天平神護元年（七六五）には、少弐従五位下采女《うねめの》朝臣《あそん》浄庭《きよにわ》が「修理水城専知官《しゅうりみずきせんちかん》」に任命された記事がある。このことから、奈良時代の後半にも、水城が大宰府の重要施設として維持管理されていたことがわかる。東門地区の八世紀後半の井戸からは「水城」銘墨書土器（図30）が出土しており、水城専知官に関連するものであろうか。ともあれ、この土塁が水城であったことが考古学的調査によって証明されたのである。

境界の地水城は、万葉集にも詠まれている。大宰帥大伴旅人は帰京の際、この水城で「ますらをと思へるわれや水茎の水城の上に涙のごはむ」と詠んで、遊女児島との別れを惜しんだ。

3　巨大な朝鮮式山城・大野城

大宰府を護る山城

北の砦、大野城は、大宰府政庁背後の四王寺山（標高四一〇メート

図29 ●水城の改修を示す遺構
Ⅲ期の門周辺では、I期の土塁前面のテラスを埋めるようにⅢ期の積土が覆っている。また土塁の崩壊を防ぐため、前面基底部に石列と石組み暗渠を造って水を自然排水させる。

図30 ●「水城」銘墨書土器
8世紀後半の井戸から出土した。土師器の坏蓋に「水城」と書いているが、「水」の筆順が現在と異なり、左端から始まる。

ル）に築かれた（図32）。その北側は深い谷をなす独立的な山塊で、そこに約八キロにわたって城壁を築いており、南と北では二重になっている。このうち尾根部には土塁を、谷部には粗割りした石を積み上げた石塁がみられる。とくに北の城壁となる百間石垣は約一八〇メートルの規模である（図33）。

一方、南の砦、基肄城は、脊振山系東端に派生する基山（標高四〇四メートル）から北へのびる北峰（標高四一四メートル）を頂点として、約三・五キロの城壁を築いている。そして、南の深い谷部には、石塁と大きな水門がある。

両者は、大宰府政庁を中心にそれぞれ南北に対峙する。北の大野城は水城と一体となって博多湾からの敵に、南の基肄城は関屋・とうれぎ土塁と一体となって有明海からの敵にそれぞれ備えたのであろう。

城壁の構造

二〇〇三年の豪雨災害（図34①）に起因する、大野城の災害復旧事業では、土塁や石塁の修

図31 ● 大野城と基肄城
大宰府の南北の砦として、百済官人の指揮のもと、同じ年に築かれた。二つの城が対峙するなかに官衙・大宰府が置かれている。

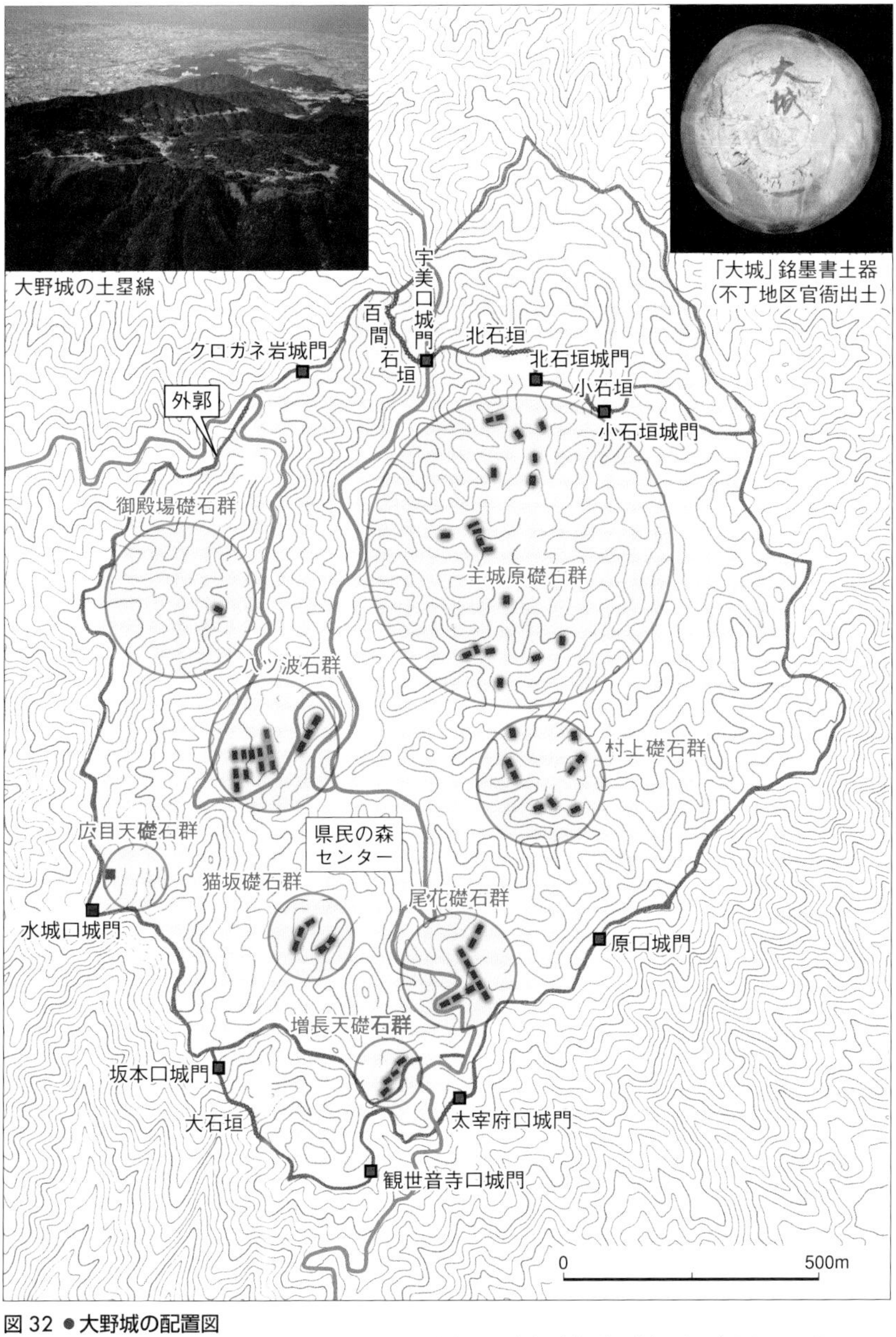

図32 ● **大野城の配置図**

尾根線に土塁、谷部には石塁を築く。城内には倉庫が地形に合わせて点在している。万葉集には「大城山」と詠まれたが、不丁地区官衙からは「大城」と書かれた墨書土器が出土しており、大野城を指すと考えられている（黄土色の道は現在の道）。

復に先行して基礎情報を得るための調査がおこなわれ、城壁構造に関して多くのことがわかった。

土塁は、自然地形にあわせて築かれており、高さは一定でないが、現状では五～六メートル程度ある。その土塁前面部では、約一メートル前後の方形の柱穴が確認される。地山成形後に盛られた基底の積土を掘り込んでおり、積土の際に堰板をとめる堰板柱の跡である（図34②）。

このことから、土塁は、堰板で押さえながら突き固めていく版築工法で積まれたことがわかった。版築土には花崗岩風化バイラン土を使用し、粘質土と砂質土を混合して厚さ一〇センチ程度に積む。また堰板柱の痕跡の角度から、築城時の土塁は約八〇度の角度になるという。

谷部には、粗割りした石を積み上げた石塁が築かれている。このうち小石垣B区では、谷底の岩盤を段切りして、その谷底中央部に大きさの異なる石を粗く積み、石垣の中央下部に自然と水が流れる状態にしている。

さらに、石垣の横目地がとおる「重箱積」や、一定の高さで石垣上面がそろうようにして、

図33 ●百間石垣
城内で一番深い谷部に築かれた石垣で、文字どおり百間、180 mの長さになる巨大な城壁。1973年の豪雨災害の際、石垣の周辺で礎石がみつかっており、城門（宇美口城門）があったことがわかった。

そこから同じように石を積んだ「層状単位積」などがある。城壁を造る際、いくつかの重要な施工計画があったことがわかる。

大野城の門

かつて大野城では、水ノ手口石塁とつながる太宰府口城門、百間石垣とつながる宇美口城門をはじめ、水城口、坂本口の四カ所の城門が知られていた。災害復旧の調査では、新たに観世音寺口、原口、小石垣、北石垣の四カ所が確認された。そして近年、クロガネ岩が追加され、計九カ所の門が知られるようになった。

調査の進んでいる太宰府口城門（図35）では、大きく三時期にわたる門の変遷が明らかになっている。築城期のⅠ期は掘立柱式で、正面三間、奥行四間の門であり、中央の柱間は五・二五メートルと広い。Ⅱ期

①2003年の豪雨災害

②堰板柱の跡

③土塁

④石垣

図34●大野城の城壁の災害と調査
崩壊した箇所では、土塁や石垣の城壁技術にかかわる遺構が確認された。土塁の下位では、堰板柱の穴は柱が腐り空洞となっていた。また百間石垣から続く北石垣では、巨大な石垣にみえるよう、崖を削りだして石が積まれていた。

は礎石式で、一×一間の正面五・二五メートル、四カ所の柱に接して石積みの壁がとりつく。

Ⅱ期の門は、政庁や水城と同じく八世紀はじめごろに建て替えられている。その際、掘立柱式の門の「礎石」である唐居敷《からいじき》を列石に転用している。このⅡ期の礎石は、Ⅲ期にも使用される。

Ⅰ期の門からは、柱根が出土している（図36①）。コウヤマキ材の径四六センチ程度のもので、国内でも最古期の文字が刻まれている。それは「孚石部」あるいは「孚石都」と読め、氏族あるいは地名のいずれかを記したものであろう。ほかにⅢ期城門の地鎮具も出土している（図36②）

また、新たに発見された北石垣城門は、唐居敷を使用している（図36③）。石垣に接するかたちで門柱があり、その柱間は四・一〇メートルで、水城のⅠ期城門とほぼ同じ規模である。ここでは、門扉の軸受けである鉄製軸受金具（図36④）が門礎に据えられた状態で出土した。韓国で五、六例が知られるが、国内でははじめての例である。分析によれば、鋳造品で砂鉄を使った製錬鉄を使用しており、国内産の可能性が高いという。

図35 ● **太宰府口城門**
大宰府政庁の方向から入っていく通用口となった門。高さ５ｍの水ノ手口石塁とともに築かれた城門は、幾度かの整備がおこなわれており、城門の変遷を知ることができる。写真は門の内側から外をみた様子。

山城の機能

大野城の城内には、古くから礎石建物が数多くあることがわかっている。増長天《ぞうちょうてん》、尾花《おばな》、猫坂《ねこさか》（図37）、村上《むらかみ》、広目天《こうもくてん》、八ツ《やっ》波《なみ》、御殿場《ごてんば》、主城原《しゅじょうばる》の八地区で、七〇棟以上が確認されている。多くは総柱建物の倉庫であり、八世紀ごろは三×五間（柱間二・一メートル）で、周囲に壁とも推定される柱列がとりかこむが、その後なくなる。そして九世紀に入ると、三×四間と規格が変わり、建物配置にも規則性が薄れていく。

記録から、おそらく食糧の備蓄や武器などを管理する倉庫群であったことがうかがえる。八七〇年（貞観一二）には、大野城の器仗《きじょう》（武器）の検定を役人の交替時におこなうことが命じられた記事もある。さらに、八七六年（貞観一八）には、太政官が衛卒のための糧食の米を城の倉庫に納める

①柱根の刻書文字（「孚石部」か「孚石都」）

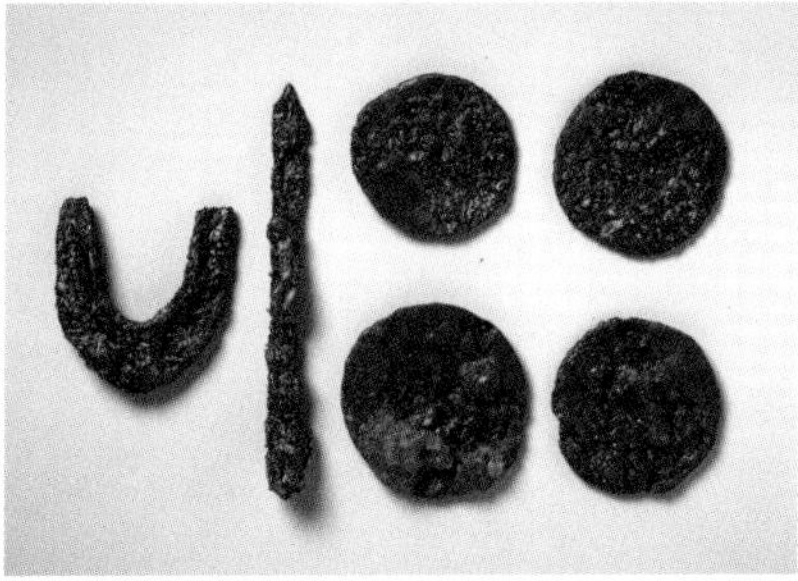

②出土鉄製地鎮具

③北石垣城門（唐居敷を使用した掘立柱式）

④門扉の軸受けである鉄製軸受金具

図36 ●城門にかかわる出土遺物

Ⅰ期の太宰府口城門の柱根の文字は、ていねいに削って作りだした面に刀子などの鋭い刃物で刻んでいる。この城門のⅢ期の整地層から出土した地鎮具には鉇、鏡、鋤先などがある。北石垣城門の軸受け金具は高さ25.5cm、円筒部径9.5cm、重さ12.8kg。

ように指示している。

ただ、築城期に比定される建物には、やや様相が異なるものがある。主城原地区では三×七間の官衙風の掘立柱建物が確認されており（図38）、兵士や指揮官が常駐したのかもしれない。

この大野城には、奈良時代末の七七四年（宝亀五）に最勝王経《さいしょうおうきょう》の読経によって新羅の宗教的呪咀《じゅそ》を払うため、四天王寺（四王寺《しおうじ》）が建立された。鎮護国家を掲げる国家的な寺院であり、現在の四王寺山の名の由来にもなっている。

図 37 ● 猫坂礎石建物
尾根を整地して 5 棟の礎石建物を配置しているが、北側の礎石建物は尾根にあわせて並ぶ。

図 38 ● 主城原の官衙風掘立柱建物
最下層には官衙風の掘立柱建物があり、柱穴より 7 世紀後半の百済系単弁軒丸瓦が出土している。

第4章　政都・大宰府

1　大宰府の官衙・大宰府庁域

大宰府庁域

西海道諸国島を総管した大宰府には、司所《ししょ》とよばれる実務的な行政機関がいくつか置かれた。記録によれば、政所《まんどころ》、税司《ぜいし》、公文所《くもんじょ》、大帳所《だいちょうしょ》、蔵司《くらつかさ》、防人司《さきもりのつかさ》、警固所《けごしょ》、大野城司《おおのじょうし》、蕃客所《ばんきゃくしょ》、主厨司《しゅちゅうし》、主船司《しゅせんし》、匠司《たくみのつかさ》、修理器仗所《しゅうりきじょうしょ》、薬司《やくし》、貢上染物所《こうじょうそめものしょ》、作紙所《さくししょ》、兵馬所《へいばしょ》、貢物所《こうもつしょ》、学校院《がっこういん》など、一九ほどが確認されている（図39）。ただ、これらがすべて同時に置かれたのかはわからない。

この実務的な官衙の多くは、職掌上、一部を除いて大宰府政庁の周辺に置かれたのであろう。現在でも、字名や記録などから場所を特定できるものに、蔵司、学校院などがある。

蔵司は、字名が残る政庁西側の丘陵一体が有力な比定地である。『類聚三代格』には八七一年（貞観一三）、大宰府に納める調庸の貢物が粗悪となった責任が蔵司にあるという記事があり、蔵司が調庸やそれを納める府庫（倉庫）を管理していたことがうかがえる。

一方、学校院（学業院）は、府学校ともよばれ、七八一年（天応元）の太政官符によれば、管内六国の学生が学んでいたという。観世音寺との境界地争いに関する記録もみられ、『観世音寺資財帳』などによると、観世音寺西側にあったことも明らかである。

かつて、九州大学教授であった鏡山猛は、この司所に相当する官衙を、地表に残る礎石や字名、文献史料などから、政庁を中心とする地域に想定し、それらを府庁域《ふちょういき》とよんだ。方四町（一町＝一〇九メートル）に復元して、政庁の中軸線から東西各二町分、政庁前面を東西に走

大宰府（筑前国府を兼ねる、後廃止）――諸国――諸郡

- **学校院**：官吏の養成
- **兵馬所**：公私の馬牛の管理
- **蕃客所**：外国客の饗応（その客館が鴻臚館）
- **主厨司**：主に外国客を饗応するための調理、朝廷に対する貢上物（贄）の納入
- **主船司**：船舶の修理
- **匠司**：建造物・武器・船の新造
- **修理器仗所**：武器の修理
- **防人司**：辺境の防衛
- **警固所**：外敵の侵入に対する警護
- **大野城司**：大野城の防衛
- **蔵司**：綿・絹など調庸物の収納・管理
- **税司**：庸米・税米の収納・管理
- **大帳所**：課役負担義務の有無を記載した帳簿類の保管・管理
- **公文所**：文書の保管・管理、土地の相論・訴訟の裁断
- **薬司**：府管内の患者の診察・治療
- **貢上染物所**：中央に貢上する調物の染色
- **作紙所**：紙の生産
- **貢物所**：関係役所で扱う各種貢物の送付
- **政所**：各役所のとりまとめ、行政の処理

（これらの所・司は常時併存していたわけではない）

図39 ● **大宰府の実務を担った行政機関「司・所」**
大宰府に置かれた司所のうち、おそらく文書・行政的な実務を担う官衙は政庁周辺に、蕃客所や主船司、警固所など、地理的にも限定される機能をもつ官衙は別の場所に置かれたであろう。この司所の存在と意義は、竹内理三の研究によって明確になった。

る県道から北側の二町分をその範囲としたのである。しかし、この復元案は、鏡山みずからが初代館長となった九州歴史資料館の発掘調査によって大きな見直しを迫られることになった。

調査を主導した石松好雄は、政庁周辺の発掘調査成果をもとに、この大宰府の中枢官衙が置かれた府庁域を、政庁を中心とする東西八町（約八七〇メートル）、南北四町（約四三〇メートル）と、その南の東西約四〇〇メートルの張り出しをもつ範囲に復元した。政庁の前面から御笠川までの間に官衙がひろがることが、鏡山との大きな違いであった。

発掘された官衙

石松によって復元された府庁域内には、「学校院地区」「月山東《つきやまひがし》地区」「日吉《ひよし》地区」「政庁正面広場」「不丁《ふちょう》地区」「蔵司《くらつかさ》地区」「来木《らいき》地区」「政庁後背地区」などの地区に分かれる官衙が確認され

図40 ● **大宰府庁域**
発掘調査で存在がわかっている官衙。政庁を中心に東西南北に広がるが、東には学校院、観世音寺など文教地区的性格が強く、西側には実務的性格の官衙が多い。大楠・広丸地区は、かつて官人居住域とみられていたが、近年では官衙とみる意見もある。

ており、政庁を中心に東西南北に配置されている（図40）。

政庁正面広場　大宰府政庁の正面には、東西幅二〇〇メートル近くの大きな広場があることがわかった。八世紀はじめのⅡ期政庁の造営にあわせて大規模に造成され、谷部を埋めた整地層の下では、筏状遺構とよばれる地盤補強の遺構が確認された（図41下）。軟弱な場所に、伐採した樹木を梯子状に組んで、その上を整地していく土木技術である。

また広場内の西側では、南北に長く四面に廂をもつ大型の建物がただ一棟だけ確認された（図41上）。この建物は、桁行一〇間、梁行四間で、南北の長さは二三メートルを超える。この広場での儀式のために官人たちが集まった朝集殿《ちょうしゅうでん》と考えられる。

不丁地区官衙　政庁から南西の地区は不丁地区官衙とよばれている（図42）。字名として残る「不丁」は「府庁」が転訛したものとされ、重要な官衙が置かれていたと考えられている。二つの南北溝によって東と西が区切られ、二つの溝の距離は溝の中心から中心まで（心々間）で

図41 ● **政庁正面広場の遺構**
上：四面廂の大型掘立柱建物跡。下：地盤補強のため、谷部にレール上に組まれた筏状遺構。

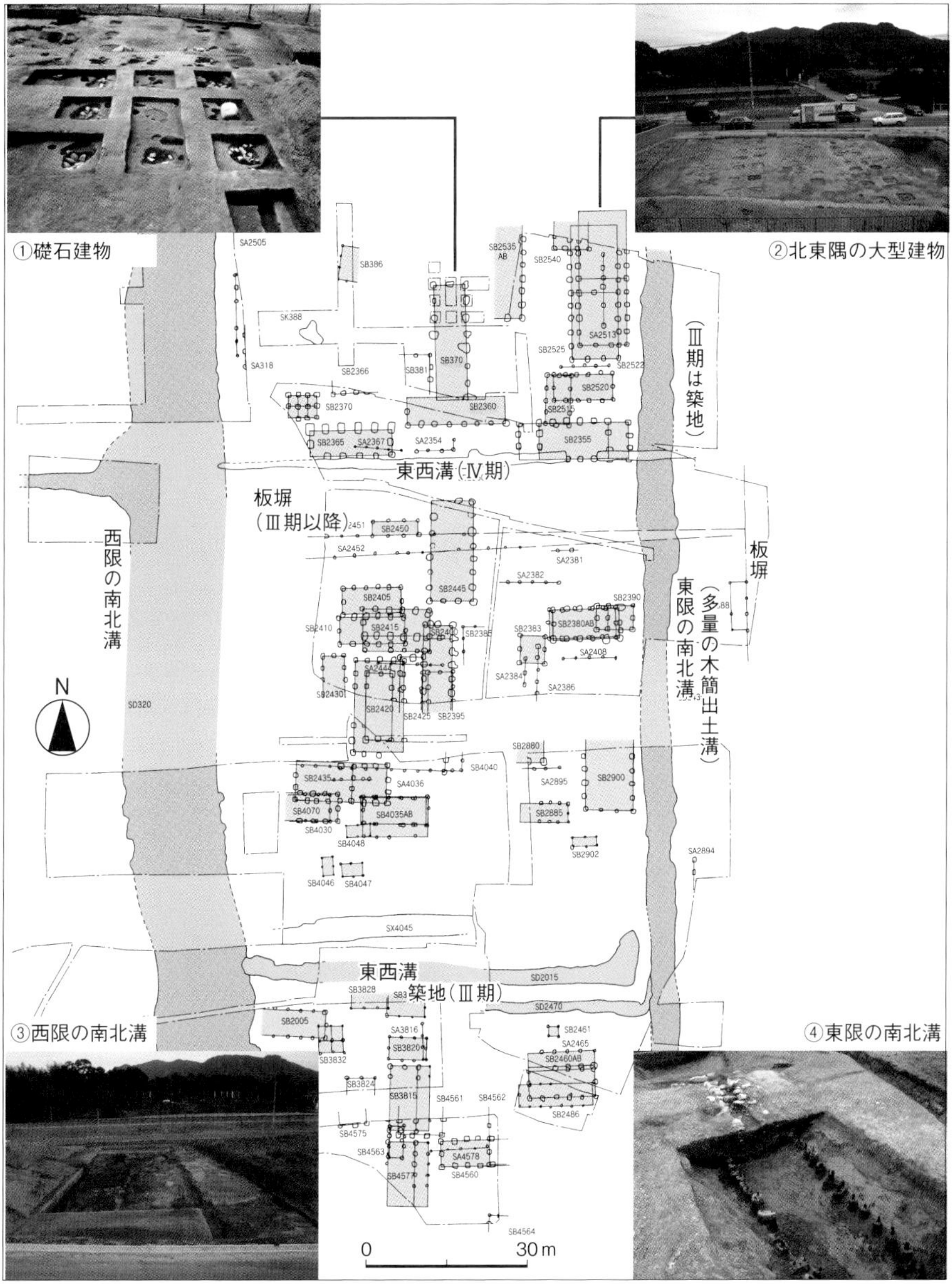

図 42 ●不丁地区官衙の主要遺構配置

2 つの南北溝によって他の官衙と区分けされる。東側の溝は、後に埋められて築地が置かれる。西側の溝は幅 10 m にもなる。1972 年にこの地区で礎石建物（①）が発見され、政庁前面域の官衙発掘のきっかけとなった。なお最新の調査研究では、Ⅰ期〜Ⅵ期（7 世紀後半〜 12 世紀ごろ）の 6 期に分かれることが明らかになった。ただし、建物はⅤ期（10 世紀後半）で終わる。

約八七メートルあり、大宝令大尺（一尺＝〇・三五メートル前後）の二五〇尺に近い（小尺〔一尺＝〇・二九六メートル〕換算では約三〇〇尺）。建物は五時期にわたって変遷するが、最盛期は奈良時代後半に相当するⅡ期（八世紀前半〜中ごろ）・Ⅲa期（八世紀後半〜末ごろ）である。この区画のなかは東西溝で三区画に細分される。それぞれ十数棟程度の建物がみられるが、このうち北側の区画には、政庁前面の官衙域ではめずらしい礎石建物がある（図42①）。

日吉地区官衙　正面広場の東には日吉地区官衙がある。少なくとも東西約七〇×南北八〇メートル以上の範囲に広がっている。大きく五期にわたる建物の変遷が確認されているが、このうち八世紀中ごろには、四面廂建物を中心とする大型の掘立柱建物群（図43）が逆L字形に配置されており、重要な官衙であったことがわかる。

以上、官衙は政庁の前面だけでなく、東西にのびる丘陵や背後にも展開する。政庁の東には通称「月山」とよばれる丘陵がある。月山は時刻を意味する辰から辰山《ときやま》が訛ったともいわれ、府内に時を告げる漏刻台が置かれていたと考えられている。その南には月山東地区官衙があり、東西一一二×南北七一メートルの範囲を一本柱塀で区画したなかに建物が確認されている。

なお近年、小田富士雄は大宰府条坊の調査成果から、Ⅱ期政庁中軸線を基準に「府庁域」を東西六町（約五四〇メートル）、南北七町（約六三〇メートル）の範囲に設定している。

図43 ● 日吉地区官衙の掘立柱建物
逆L字形配置をとる建物の一つ。3×9間となる南北棟の掘立柱建物で、8世紀中ごろに置かれた。

木簡は語る

この府庁域の発掘調査では、官衙の性格や遺構の年代を明らかにするうえで、木簡が大きな成果をあげた。不丁地区官衙の東限の南北溝から、一五〇点を超える木簡が出土したのである（図44）。「天平六年（七三四）」銘をはじめ、「糟屋郡紫草廿根《かすやぐんむらさきじゅっこん》」「怡土郡紫草廿根《いどぐん》」「肥前國松浦郡神戸調薄鰒《ひぜんのくにまつうらぐんかんべちょうりうすあわび》」「山鹿《やまが》」「合志郡《ごうしぐん》」などと書かれていた（図45）。「天平」という紀年銘木簡の出土はこの溝が機能していた具体的な年代を考えるうえでの目安となる。

さらに重要なのは、西海道各地の地名とともに「紫草《むらさき》」「苫《とま》」「鰒《あわび》」「黒葛《つづら》」「枯根《かれね》」など物品が書かれた木簡である。これらは、送付や保管のためにつけられる付札木簡であり、この地区が物品の集積場所であったことはたしかであろう。なかでも、大宰府管内の重要な調庸物の一つである染物原料の「紫草」に関する木簡が際立っている。この状況から、不丁地区付近は、「紫草」から染料をつくりだして染め物をおこなった、貢上染物所の有力な比定地といえる。

じつは、大宰府における木簡の発見はいまから五〇年以上前、九七〇年にまでさかのぼる。蔵司地区西の谷部から九点の木簡が出土したのである。そのなかには、大宝令

図44 ●不丁地区東限の南北溝の調査状況
有機物の木簡が残るのは、水が湧くような低地に残された遺構である。この溝の調査では、湧水のある埋土を掘り進んでいった。

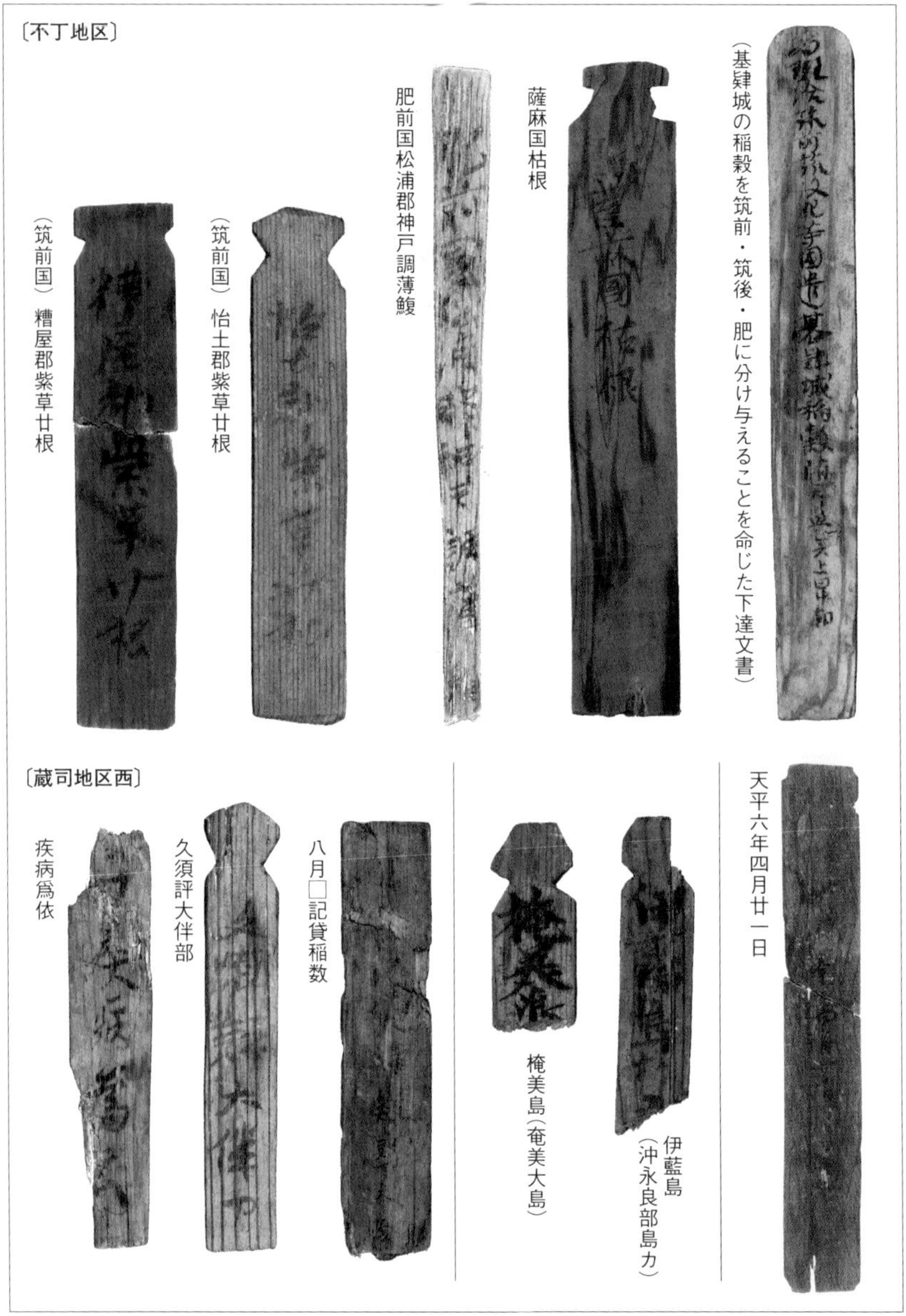

図 45 ●出土した木簡

調庸物を記して移送・保管した付札木簡には、紐をかけて縛ったえぐりが入る。国あるいは郡名とともに、物品名が記されたものが多い。また、「掩美」「伊藍島」は大宰府と南島地域との関係を考えるうえで重要である。

以前の郡名を記した「久《く》須《す》評大伴」（後の豊後国玖《く》珠《す》郡《ぐん》に該当）をはじめ、里からの納税を記す「年里五戸」、病気による欠勤届ともみられる「疾病為依」などがある（図45下左）。八世紀初頭ごろに限定される表記もあり、大宰府の機能的な成立を考えるうえでも重要な資料である。

解明は続く

こうして府庁域の官衙が解明されてきたが、近年の発掘調査では新たな事実が判明した。たとえば蔵司地区官衙では、大型礎石建物が置かれた丘陵部と南面に広がる平地部からなり、官衙は七世紀後半から一一世紀ごろまで五期にわたり変遷したことが明らかになった。

新たに調査された丘陵部では、Ⅰ期の七世紀末ごろには掘立柱建物を東西に並列する形で配置していたが、Ⅱ期の八世紀初めごろにはこれらを廃絶して新たに大型礎石建物を造営している（図46）。同じころ平地部の南には官衙を厳重に区切る築地塀も築かれている。そしてⅢ期の八世紀後半には丘陵上に倉庫とみられる礎石建物群がコの字状の建物配置で造営され、蔵司の名にふさわしい施設として完成する。このうち新たな大型礎石建物は、大宰府では政庁正殿など重要な施設の廃絶・造営状況と似ており、前身施設の機能的継承とみることもできる。

この大型礎石建物は蔵司との関連でも注目される。桁行九間×梁行四

図46 ● 蔵司地区の礎石建物
ていねいな柱座を作りだした礎石や規模の大きさから、
大宰府のなかでも重要な施設であったことがわかる。

間の東西棟建物で、桁行の柱間は四・〇〜四・二メートル（約一四尺）、梁行は両端の廂部分が三・二メートル、身舎の二間分は六・四メートルある。平面規模は大宰府政庁の正殿を上まわり、全国の地方官衙でも大型のものだ。この建物は調庸物を納めた府庫かそれ以外の官衙施設とみる意見もあるが、柱の配置から倉庫のような総柱建物にはならない。ていねいに削り出された礎石から重要施設であることはたしかだ。

この地区では、鉄鏃や甲冑の小札など武器や武具の大半が被熱・溶解した状態で出土している。九世紀以降、多量の武器類が保管状態で火を受けたとみられ、保管する兵庫が焼失したと考えられている。かつて中山平次郎は、被熱武器類の存在から、ここに兵器工場があり、その焼失後に蔵司が設置されたと推定した。調査結果はその考えを見直すことになったが、焼けた場所については推定にとどまっている。なお、谷を隔てた西側の丘陵上の来木地区官衙では七世紀末から八世紀の炉や竪穴状遺構が確認されている。鞴羽口やトリベをはじめ青銅滓や鉄滓などが金属製品とともに多量に出土しており、大宰府の匠司あるいは修理器仗所などが想定されている。

このように大宰府の官衙の調査研究は多くの課題とともに現在もつづいている。新たな発見も期待され、全容解明にはまだ時間がかかるであろう。

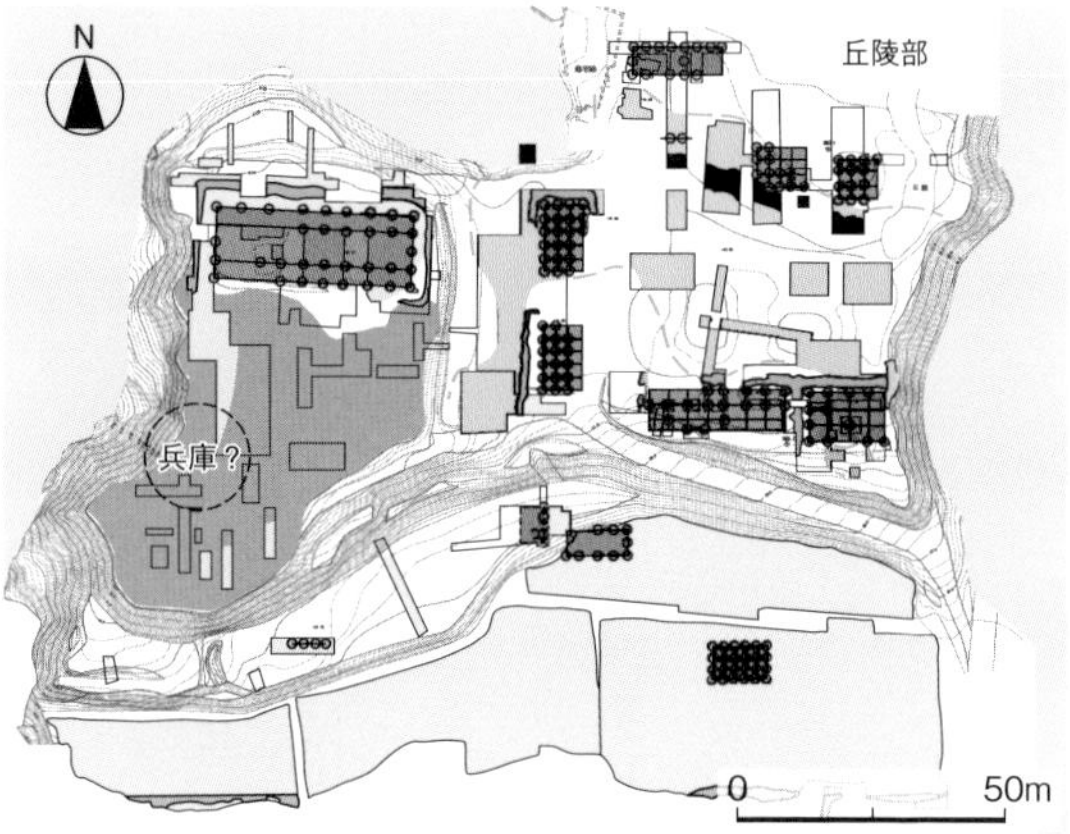

図47 ●蔵司地区Ⅲ期の建物配置
8世紀後半には蔵司地区官衙にふさわしく、広場をとりかこむように礎石建物がコの字状に配置される。西側の大型礎石建物とあわせて丘陵上の建物は当時の景観としても異彩を放ったにちがいない。

2　大宰府条坊の復元

大宰府都城

大宰府は、朝鮮半島の百済の王都である扶餘《プヨ》の泗沘都城を手本にしたとする意見が多い（図23参照）。事実、北を扶蘇《ぷそ》山城《さんじょう》と土塁線でつなぎ、北西から南東に流れる錦江を自然の要害としてとり込む泗沘都城の城郭構造は、大宰府ともいくつかの共通点が見出せる。この点、「大宰府都城」という言葉には、藤原京など日本の都の都城制とは異なる要素を含んでいる。

「大宰府都城」を最初に使用したのは、鏡山猛である。まだ本格的な発掘調査が開始されないころ、大宰府政庁や観世音寺などの礎石を中心に、地割や文献などから、条坊制をもつ古代都市・大宰府を復元したのである。そして、山城や城壁などにかこまれた、ほかに類をみない城郭都市として大宰府を位置づけ、それを「大宰府都城」とよんだ。

鏡山猛の大宰府条坊論

鏡山猛の大宰府条坊復元の研究は戦前に九州帝国大学に提出された卒業論文「西都条坊考」にさかのぼる。これは後に「大宰府の遺跡と条坊」（『史淵《しえん》』一九三七年）として発表された。

さて、鏡山の大宰府条坊論であるが、その着眼は『観世音寺文書』にあった。平安時代の九九六年（長徳二）、「府牒す　観世音寺　郭地一町三段を施入する事。左郭四条七坊八坊の内」とある。これは大宰府が観世音寺隣接の土地の一部を観世音寺領に編入させることを認めた記事であり、「条」「坊」「町」などの土地の単位をみることができる。

記録をもとに条坊の存在を意識した鏡山は、大宰府内に残る条里や地割の痕跡から条坊を復元していく。まず、大宰府政庁の中軸線に合った南北の地割線を基準にして、そこに都の朱雀大路《すざくおおじ》を想定し、北の政庁から南を望んで東を左郭、西を右郭とした。そして、条里の一区画が一町＝約一〇九メートルに対応することから、それを条里の残りのよい南から均等に割り付けて北に延長し、大宰府政庁前面を東西に走る道路を、四条と五条の区切りとした。

さらに、一町＝一〇九メートルを大宰府の各施設にあてはめ、大宰府政庁を中心とする府庁域を方四町、学校院を方二町、観世音寺の寺域を方三町とした。鏡山は、こうした施設の位置関係を考慮しつつ、方一町を条坊の単位として、残る地割を意識しながら、南北二二条、東西各一二坊からなる大宰府条坊を復元したのである（図48）。

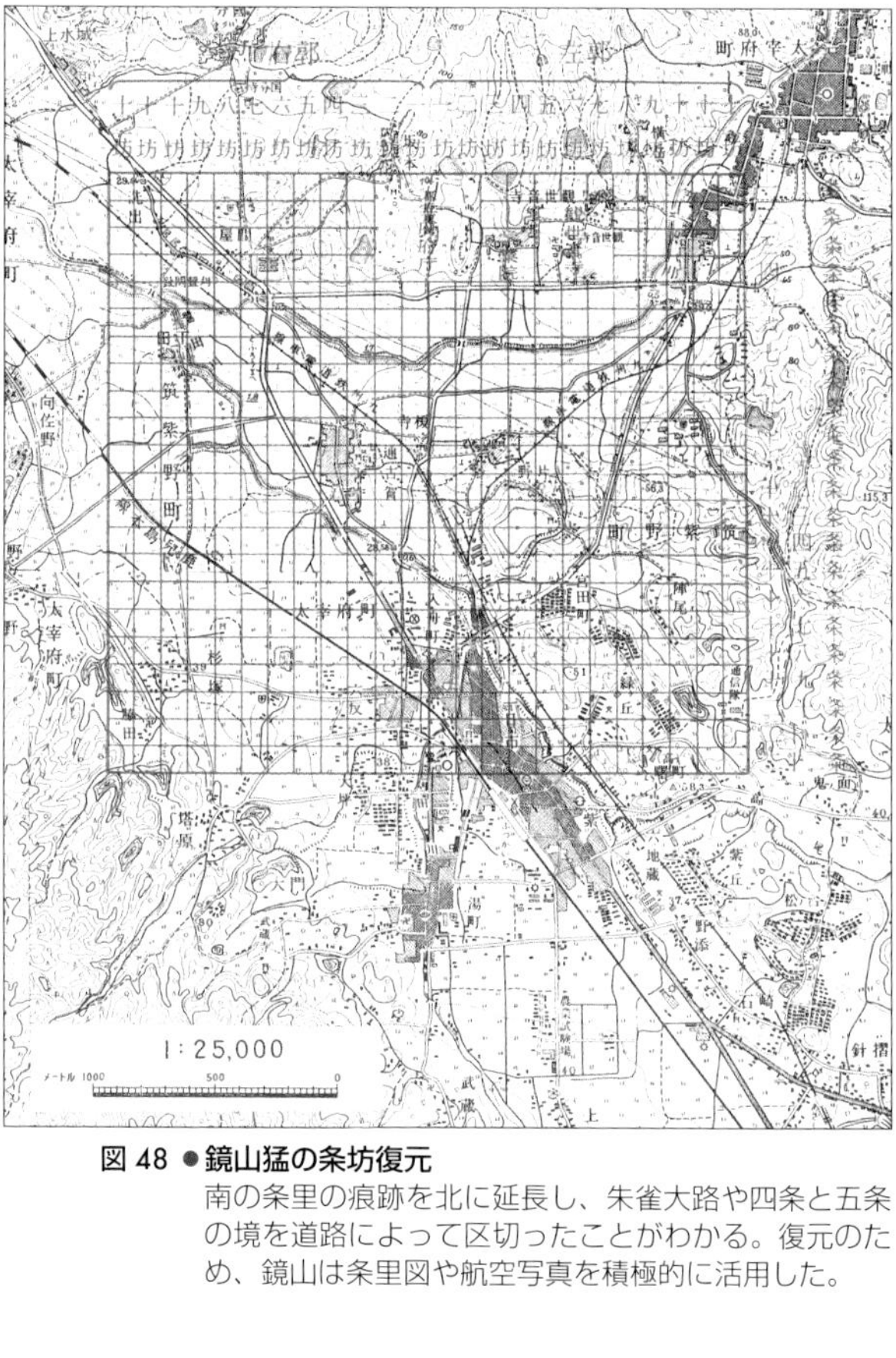

図 48 ● 鏡山猛の条坊復元
南の条里の痕跡を北に延長し、朱雀大路や四条と五条の境を道路によって区切ったことがわかる。復元のため、鏡山は条里図や航空写真を積極的に活用した。

近年の大宰府条坊論

大宰府条坊に本格的な調査のメスが入ったのは、一九七〇年代のことである。なかでも御笠川南条坊（大宰府条坊）の調査では、鏡山が復元する左郭九条六・七坊推定地付近で南北の道路と側溝が確認され、坊間路にかかわるものと理解された。だが、条坊研究が進展するのは、市街地の調査が本格化する一九八〇年代後半以降のことであった。

その端緒となったのは、金田章裕の条坊論である。金田は、『観世音寺文書』による土地面積の単位が最大八反であることをふまえて、そこから一辺一〇〇メートルの区画を復元し、大宰府条坊の施

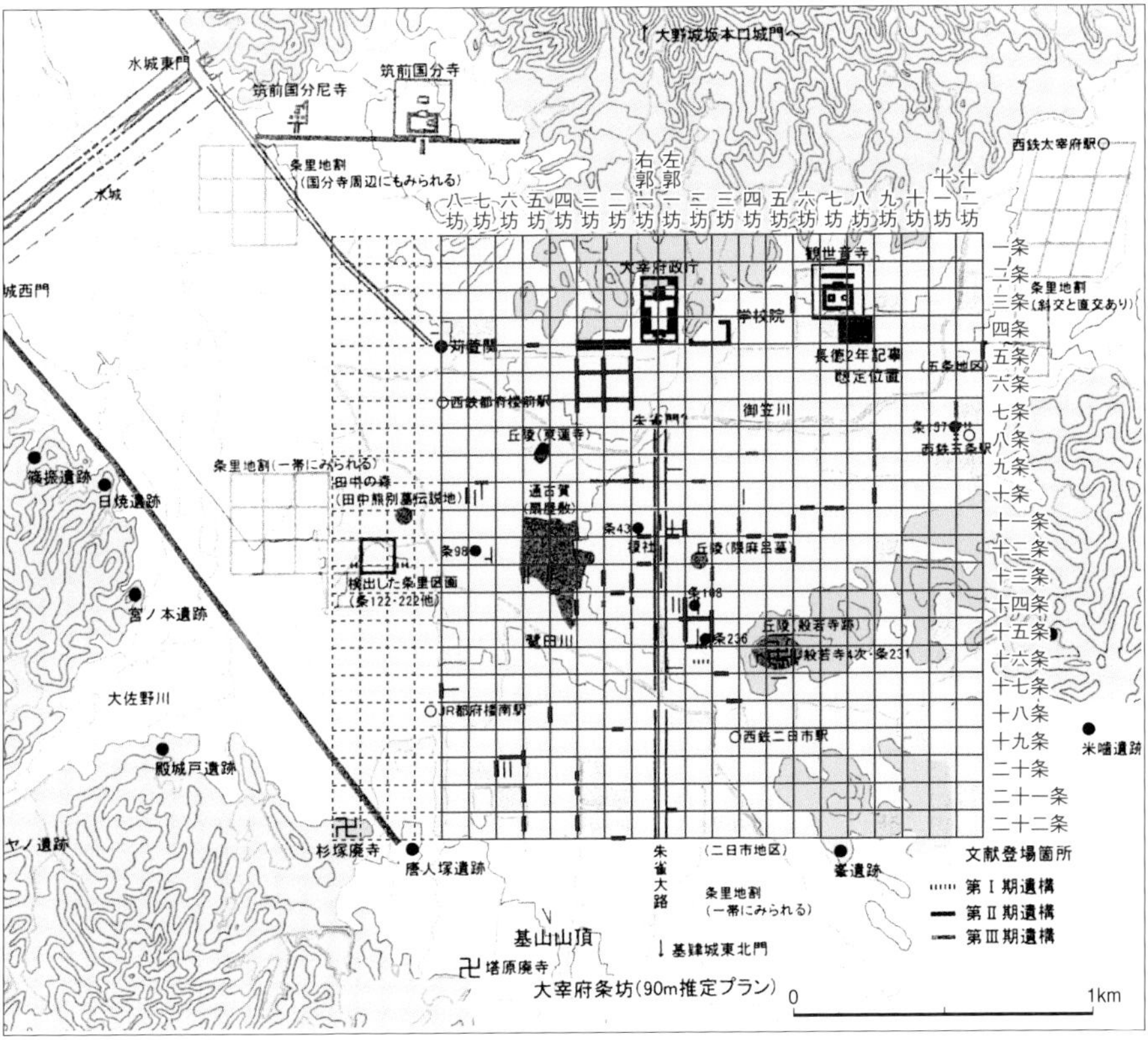

図49 ● 近年の大宰府条坊復元
近年の太宰府・筑紫野両市の調査で、１辺90ｍ四方の条坊区画が明らかになってきた。図は井上信正による復元である。

工をⅢ期大宰府政庁の時期としたのである。

さらに狭川真一は、政庁Ⅲ期の条坊として、東西八四メートル、南北一一一メートルの長方形区画を復元した。そして国土座標をふまえて条坊痕跡の位置関係を押さえる方法をとり、政庁Ⅱ期と中軸線をあわせるもっとも古い朱雀大路が、道路幅三六メートル（大宝令小尺＝一二〇尺）であることを明らかにした。ただ、平安時代後半には、幅一五メートルにまで縮小する。現在、こうした研究を継承・発展させながら、太宰府市と筑紫野市の両教育委員会によって大宰府条坊の全体像が明らかにされつつある。

そのなかで近年、政庁Ⅱ期造営以前に条坊区画の成立をみる井上信正の条坊論がある（図49）。それは、大宰府条坊の左郭で増加した近年の資料をもとにして、道路や溝の痕跡をたどりながら、一辺約九〇メートルの区画を復元するのである。それを大宝令大尺（一尺＝〇・三五四メートル前後）による大尺二五〇尺とし、七一三年（和銅六）の格《きゃく》を受けたⅡ期政庁の小尺（一尺＝〇・二九六メートル前後）とは異なり、藤原京との尺度の共通性を強調する。

そして、大宰府政庁や観世音寺など、政庁Ⅱ期以降の主要施設が小尺を使用することや、政庁中軸線の延長となる朱雀大路と一辺九〇メートルの大宰府条坊の方形区画とのずれから、政庁Ⅱ期成立以前の七世紀末～八世紀初頭に、大宰府条坊が大尺によって施工されたとみている。この条坊が政庁Ⅱ期からⅢ期、すなわち奈良時代から平安時代に機能したとみるのである。

この井上の条坊論からみても、奈良時代の大宰府には、都にならった条坊制を導入し、碁盤目状に区画された都市的景観があったことはたしかであろう。

3　古代都市・大宰府

西海の古代都市

「この府は人物殷繁にして天下の一都会なり」と『続日本紀』（神護景雲三年（七六九））にある。大宰府を評した言葉だが、多少の誇張を含むにせよ、その繁栄ぶりを表現したものとして有名である。また、『類聚三代格』（天長三年（八二六））にも「この府は九国二島の輻湊《ふくそう》する所にして、夷民、往来し、盗賊も時なく、追捕拷掠、その備えあるべきなり」ともあり、西海道各地から人が集まり、朝鮮半島の人びとも往来する、賑わいをみせる場所であり、治安の確立が必要であったこともうかがえる。このような記録からもわかるように、大宰府は、地方におけるもっとも大きな役所であっただけでなく、西海の大都市でもあった。この大都市の実態を知る手立てとして、やはり発掘調査は有効な方法である。ここでは井上の条坊論を手がかりに、条坊域と周辺の発掘成果を中心にみてみよう。

条坊内の遺構

条坊域の発掘調査で、区画の痕跡を認識できるのは、

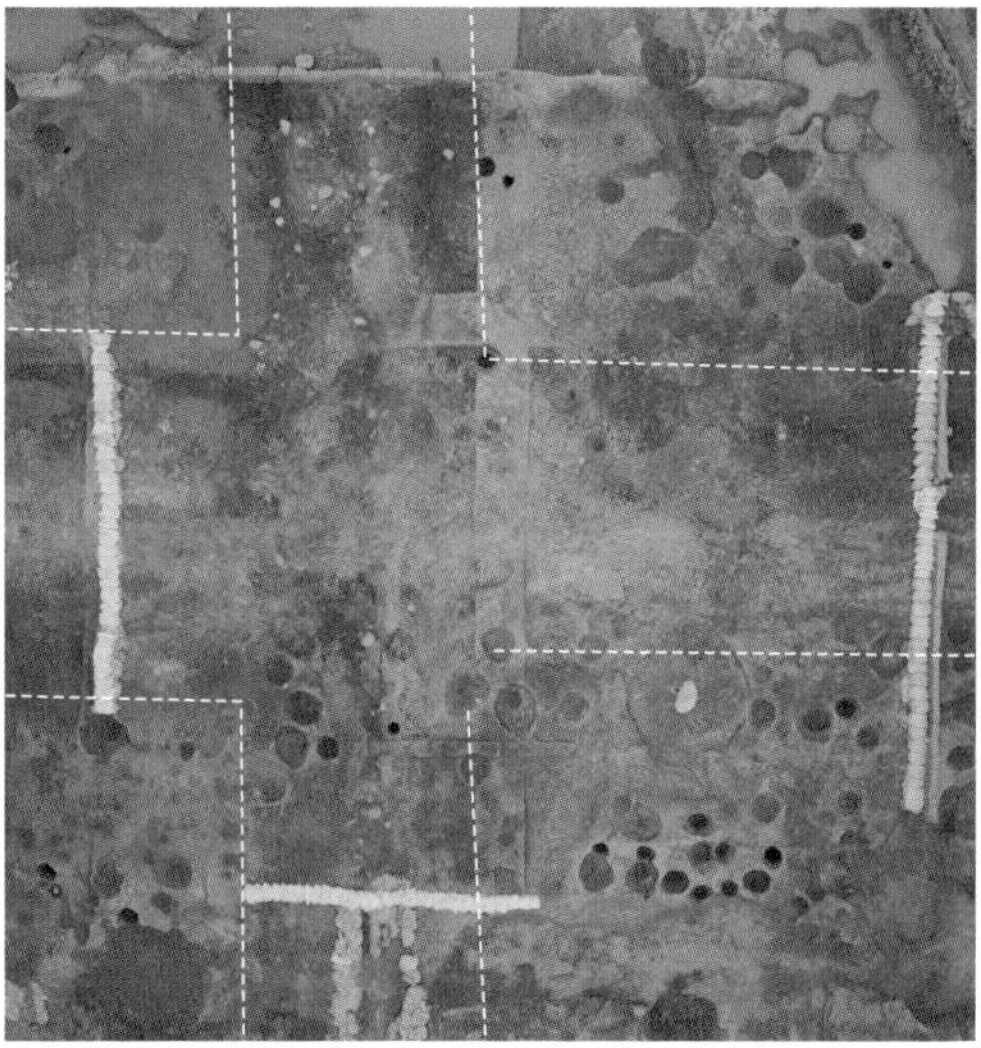

図50 ● 条坊内の道路・条路と坊路
東西の条路、南北の坊路が交差する箇所では、道にあわせて溝もそれぞれＴ字に折れ曲がっている。

東西あるいは南北方向の溝である。実際、残りのよいところでは、この溝に沿って道路がみつかっている（図50）。東西方向を条路、南北方向を坊路とよんでいるが、通常、道幅は三メートル前後と必ずしも大きくはない。時には、路面上に直線にのびる数条の溝が確認でき、牛車の引かれた痕跡とも考えられている。

井上が推定する条坊域の南端では、東西に走る二二条路の幅は八メートルにもなる。路面には凹凸があり、通行が頻繁であったことがわかるという。このような道路によって区画された条坊のなかに、宅地である掘立柱建物や井戸など、さまざまな生活の痕跡を確認できる（図51）。

ただ、条坊内で同じように人びとが暮らしたわけではない。たとえば、朱雀大路に面した左郭九条一坊となる条坊では、二×五間の東西棟建物が単独でみつかっている。政庁に比較的近いことなどから、高級官人の大規模な居宅と想定されている（図52）。

図 51 ●条坊の建物と溝
奈良時代には、生活遺構の掘立柱建物と井戸があるが、平安時代には溝が新たに掘られ、南北の坊路も移動したことがわかる。遺跡内の生活遺構も、井戸だけ確認できる。井上条坊論の 199 次調査・左郭 11 条 1 坊。

これに対して右郭十条七坊付近では、奈良時代には小型の掘立柱建物がわずかに確認される程度で、むしろ平安時代に入ってから建物が増える。

このように、政庁に近くかつ朱雀大路に近い場所では、比較的大型の建物が継続してみられるが、周辺部は、区画となる道路がまずあり、次第に宅地化が進んだのかもしれない。ただ、条坊の西南付近、「市ノ上」の字名が残る大宰府の「西市」に推定される付近では、奈良時代の建物も比較的多く確認されている。西門からのびる官道が付近を通ることから、いち早く市が形成されたと考えられている。

大宰府へ通じる官道

ところで、筑紫館からのびて水城西門を通過する官道は、通称西門ルートとよばれる。このうち土塁の南側となる太宰府市前田遺跡では、大規模な道路遺構が調査されている（図53）。道路の幅は九メートル、側溝幅は約一メートルであり、この官道は、条坊区画に対して、北西方向から直進してとりつく。

また西海道諸国から大宰府郭内へ入るためには、南の道から北上して、おそらく朱雀大路の一番南から入郭したと考えられている。小鹿野亮は、この朱雀大路

図52●条坊の大型掘立柱建物
大型掘立柱建物のみで遺構の密集度も低く、朱雀大路や政庁に近いことから、官人の居宅と考えられている。

と道幅の広い二二条路が交差する箇所に「大宰府の羅城門」を想定し、さらに南側から、豊前道がとりつくことも予測している。近年著しい南の郭外の発掘調査によって、大宰府へ向かう古代道路の様子も明らかになりつつある。

丘陵上の墳墓群

大宰府の周辺部の丘陵上には、いくつかの墳墓群が形成された。このうち、大宰府西方の丘陵上にある宮ノ本遺跡では、奈良時代から平安時代にかけて四基の墳墓が確認されている。なかでも平安時代のはじめごろとなる一号墓は、方形の基壇をもった火葬墓で、なかから鉛製の買地券が出土している（図54）。

買地券とは土地手形のようなもので、鉛の板には、罫線に沿って六行からなる文章が墨書で書かれている。好雄という人物が亡き父のために静寂な土地を買ったことが記されている。大宰府の造墓事情を知ることができる貴重な例である。

図53 ●前田遺跡の大規模な道路遺構
筑紫館（鴻臚館）から水城西門跡を通過して大宰府内へ入る官道の跡。並走する2つの溝から、路面幅9mの道路だとわかった。

図54 ●宮ノ本遺跡1号墓出土の買地券
買地券は残存する長さ35.2㎝、幅9.5㎝、厚さ0.2㎝。出土した1号墳は、1.5×2.0mの石積みの方形基壇をもった火葬墓。

発掘と新たな大宰府の都市像

近年、大宰府条坊域では重要な発見が相次いでいる。なかでも、朱雀大路東沿いの左郭十四・十五条付近では、遺構や遺物ともに、これまでの大宰府条坊の概念をくつがえす調査成果がえられている。

左郭十五条二坊区画内では、朱雀大路に沿うかたちで、奈良時代後半ごろの大型建物群が南北に二棟が並んでみつかった。北側の建物（図55）は、桁行一六間、梁行五間で西側の二間が廂となるが、南北の長さは約三〇メートル（約一〇〇尺）、東西は八・七五メートルもある。一方、南側の建物は、桁行一一間、梁行五間で、南北の長さが約二四メートルとわずかに短い。こうした長大な建物が二棟も並んでみつかるのは、御笠川以南の条坊域でははじめてである。朱雀大路を意識して並ぶ配置からすると、公的性格が強い建物といえるだろう。

さらに、出土遺物にも重要なものがいくつかみられる（図56）。特筆されるものは佐波理《さはり》製品である。佐波理とは、銅に対して錫の割合の大きい青銅製品であり、朝鮮半島の新羅から輸入

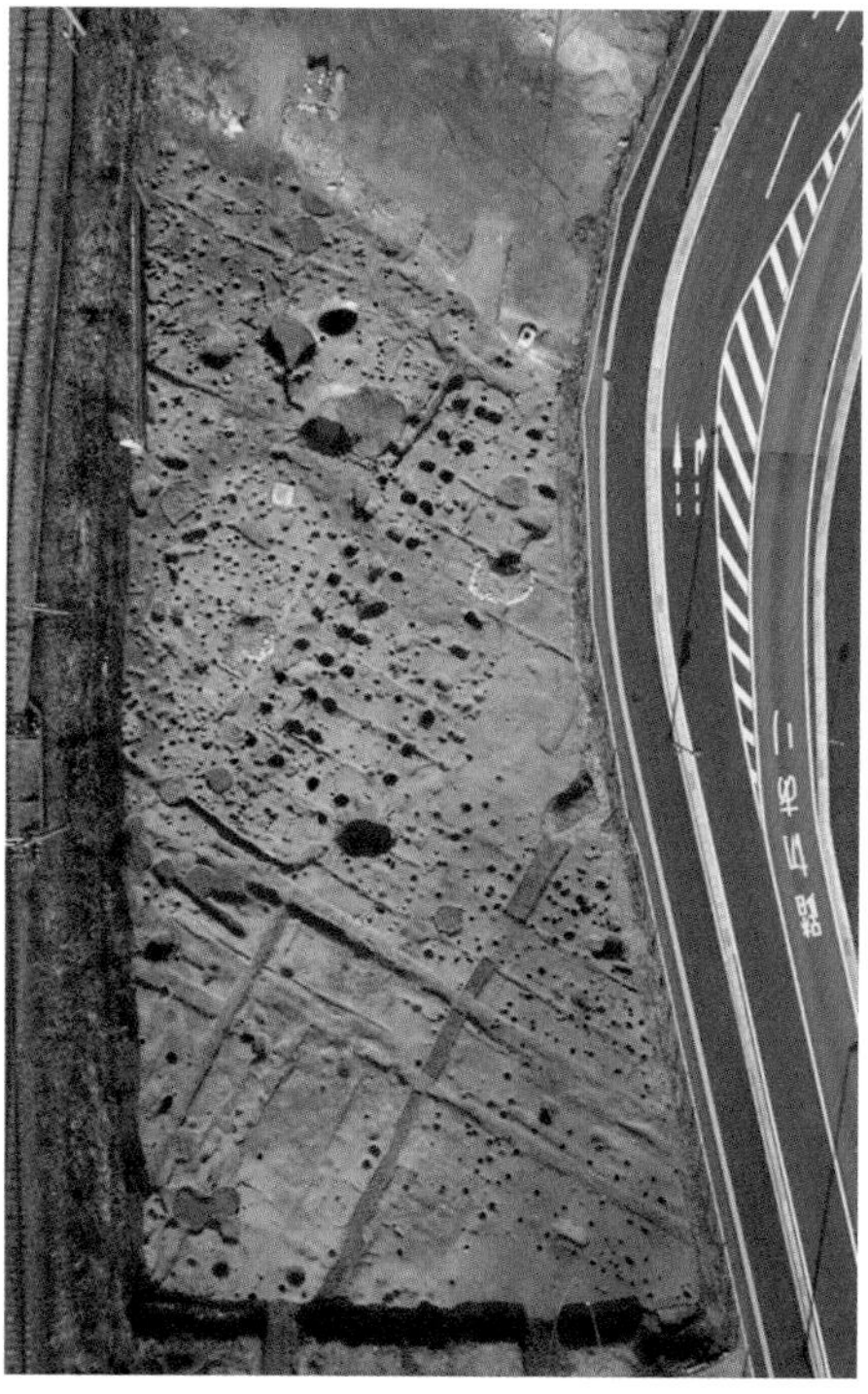

図55 ● **朱雀大路の東側の大型掘立柱建物**
南北に２つ並ぶ建物のうち南側の１棟。
西側に廂がついており、朱雀大路を意識して建てられたことがわかる。

されたとされ、古代においてはきわめて貴重品である。なお、出土した匙については、東大寺正倉院との関連も指摘されている。

このほかにも漆器、新羅土器、火舎などがある。このうち火舎は盤状の器に獣脚がとりつく、径三〇センチ前後の須恵器の大型品が複数ある。奈良三彩の火舎や越州窯系青磁の香炉も、日常生活の道具ではなく、条坊内では通常みることができない。

こうした遺構や出土品をあわせて考えると、きわめて重要な官衙、あるいは相当の施設が存在したことはたしかである。近年の研究では、朱雀大路に面して南北にならぶ建物配置は、東アジアの都城にも通じる要素として、大宰府では外国使節の賓客を受け入れる「客館」施設と理解されている。当時、この館で威儀を整えた外国使節は、朱雀大路を北上して、大宰府政庁において賓礼に臨んだのであろう。

このような調査研究成果からみても、これまで復元推定されてきた府庁域に代表される大宰府の官衙の配置や機能については、より広い視野でとらえなおす必要がある。つまり、大宰府はたんなる都市以上の意味をもった、政治都市としての施設の配置と空間を備えていたとみることもできる。この点は、今後の大宰府研究の重要な視点の一つといえる。

図 56 ● 佐波理製品と火舎

左：朝鮮半島製の佐波理には匙をはじめ椀などの食器類がある。
右：獣脚がとりつく据え香炉。ほかに奈良三彩の火舎もある。

第５章　大宰府の栄華

1　府の大寺・観世音寺

筑紫観世音寺の創建

西海道における文化の中心であった大宰府には、拠点となる多くの寺院が建立され、仏教をとおしてさまざまな情報や文物が集まった。このうち観世音寺、筑前国分寺、同尼寺、四王寺、竈門山寺《かまどさんじ》などは、大宰府を支える護国の寺であり、また一方で、般若寺《はんにゃじ》、安楽寺、武蔵寺《ぶぞうじ》、杉塚廃寺は、個人に所縁をもつ私的性格が強い寺であった。このように奈良・平安時代の大宰府では多くの寺院が活動していたが、なかでも観世音寺は、府《ふ》の大寺《おおてら》とよばれた西海道随一の寺であった（図57）。

『続日本紀』の和銅二年（七〇九）の詔は、「淡海大津宮御宇天皇」が「後岡本宮御宇天皇」のために誓願して筑紫観世音寺の造営が開始されたこと、また年代を重ねた今日も完成に至っておらず、その催促の様子を伝えている。この記録から、観世音寺は、六六一年に朝倉橘広庭宮で急逝した斉明天皇の追福のため、息子である天智天皇によって発願されたことがわかる。

奈良時代に入ると、七二三年（養老七）、寺の造営を進めるため、造観世音寺別当として沙弥満誓《しゃみまんせい》が大宰府に下向している。満誓は、僧となる前は東山道木曽路を開いた能吏でもあった。

七四五年（天平一七）、完成を翌年に控えた観世音寺に僧玄昉《げんぼう》が下向してきた。かつて遣唐使として派遣され、仏教に関する新たな知識や経論五千余巻を日本にもちかえって仏教界に革新をおこした高僧である。そして七四六年（天平一八）六月一八日、観世音寺は落慶供養を迎える。だが、この日、導師として堂に入ろうとした玄昉は、突然、空中に連れ去られ、後に首が興福寺に落ちたという。その真相は不明だが、観世音寺が、この七四六年に最終的な完成をみたことはたしかである。ただし、この年以前にも、観世音寺を示すと考えられる記録があり、なんらかのかたちで寺院の活動ははじまっていたのだろう。

さらに七六一年（天平宝字五）には、西海道諸国の僧尼に戒律を授ける戒壇が設置された。東大寺、下野薬師寺とともに天下の三戒壇の一つとなった観世音寺は、名実ともに、西海道随一の権威を誇る府の大寺となったのである。

図 57 ● 観世音寺講堂
現在の観世音寺講堂は、1688 年（元禄元）に再建された。
創建当時の講堂は、現在よりも一まわり大きかった。

伽藍の発掘

観世音寺の伽藍は、東に五重塔、西に東面する金堂、中央北の講堂に中門からのびる回廊がとりついている。そして、その背後に大房を配している。九〇五年（延喜五）に記された『観世音寺資財帳』によれば、このほかにも小子房・客僧坊・鐘楼・経蔵・戒壇院・菩薩院・大衆院・政所院等があったことがわかる。さらに、後の記録となるが、この境内の様子や建物配置を詳細に描いた、一五二六年（大永六）の『観世音寺伽藍絵図』がある（図58）。旧絵図を写したものとされるが、往時の伽藍を知る手がかりとして貴重である。

観世音寺で最初の発掘調査は、一九五一年におこなわれた。そして境内を対象とする継続的な調査は、一九七六年、九州歴史資料館によって推定僧房跡より開始された（図59）。

調査で確認された礎石建物は、桁行三三間（一〇三・八メートル）、梁行四間（一〇・二メートル）で、東西各五室、中央間は屋根つき通路の建物に復元される巨大なものである

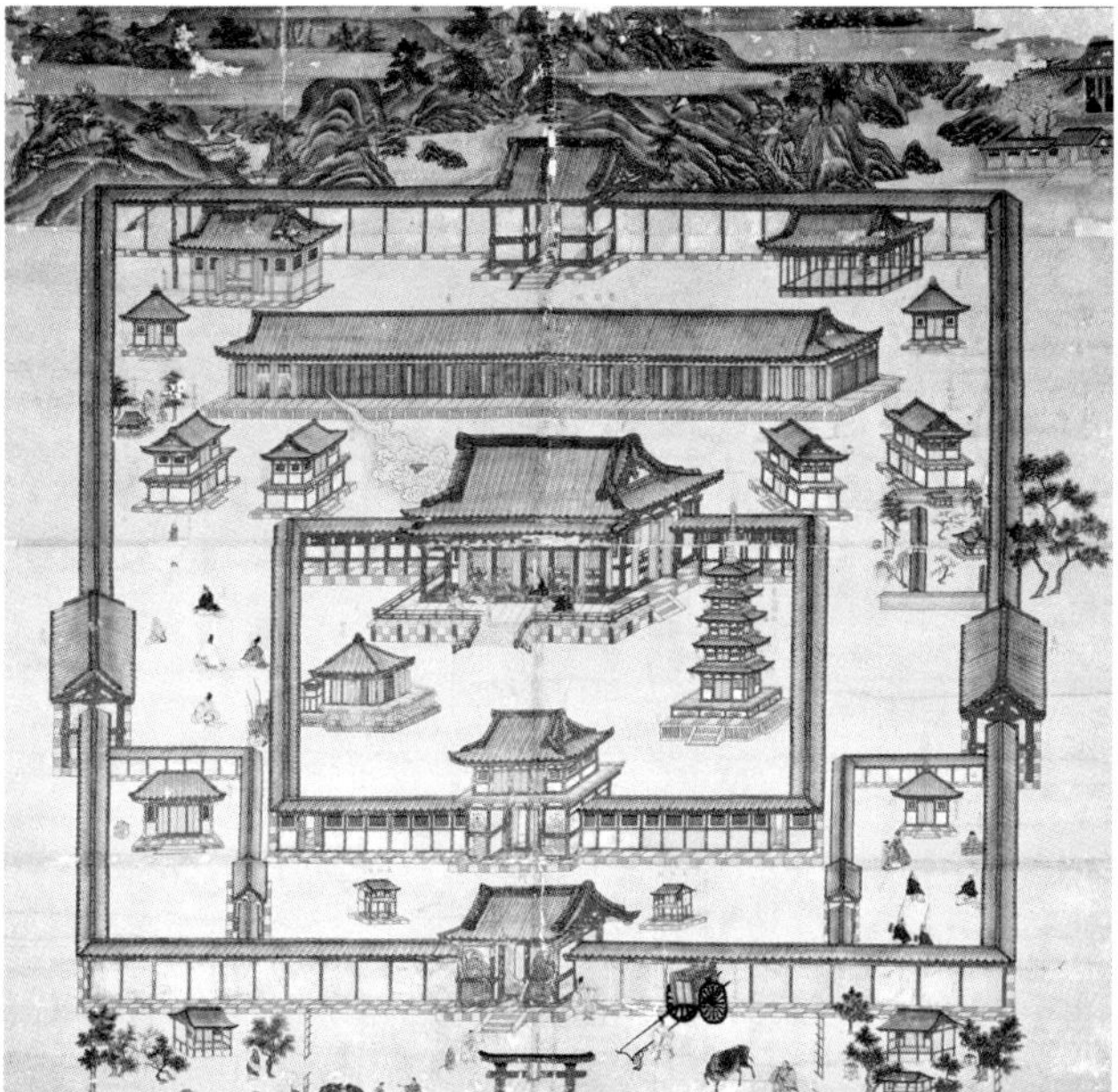

図58●観世音寺伽藍絵図（観世音寺蔵）
1526年（大永6）の製作。さらに古い絵図を写したとみられ、伽藍も往時の姿をほぼ反映しているようである。

（図60①）。位置や規模からみても、『資財帳』に記載されている「大房」であることは明らかである。

伽藍の象徴でもある五重塔は大きな心礎を残すだけである（図60②）。ただ、現在も地表に基壇化粧の一部となる地覆石が残る。基壇の規模は一辺約一五メートルで、西側には階段がある。

塔に対面する金堂では、五期にわたる基壇の変遷が明らかとなった。創建期の奈良時代は瓦積の基壇化粧で、東西一八・〇メートル、南北二四・〇メートルと南北に長く、当初から東をむいていたことはたしかである。Ⅱ期の平安時代に乱石積《らんせきづみ》基壇となるが、その前面では焼土が確認された。記録をたどると、一一四三年（康治二）に金堂や回廊が焼失したとある。おそらくⅡ期の建物はこの火災で焼失したのであろう。

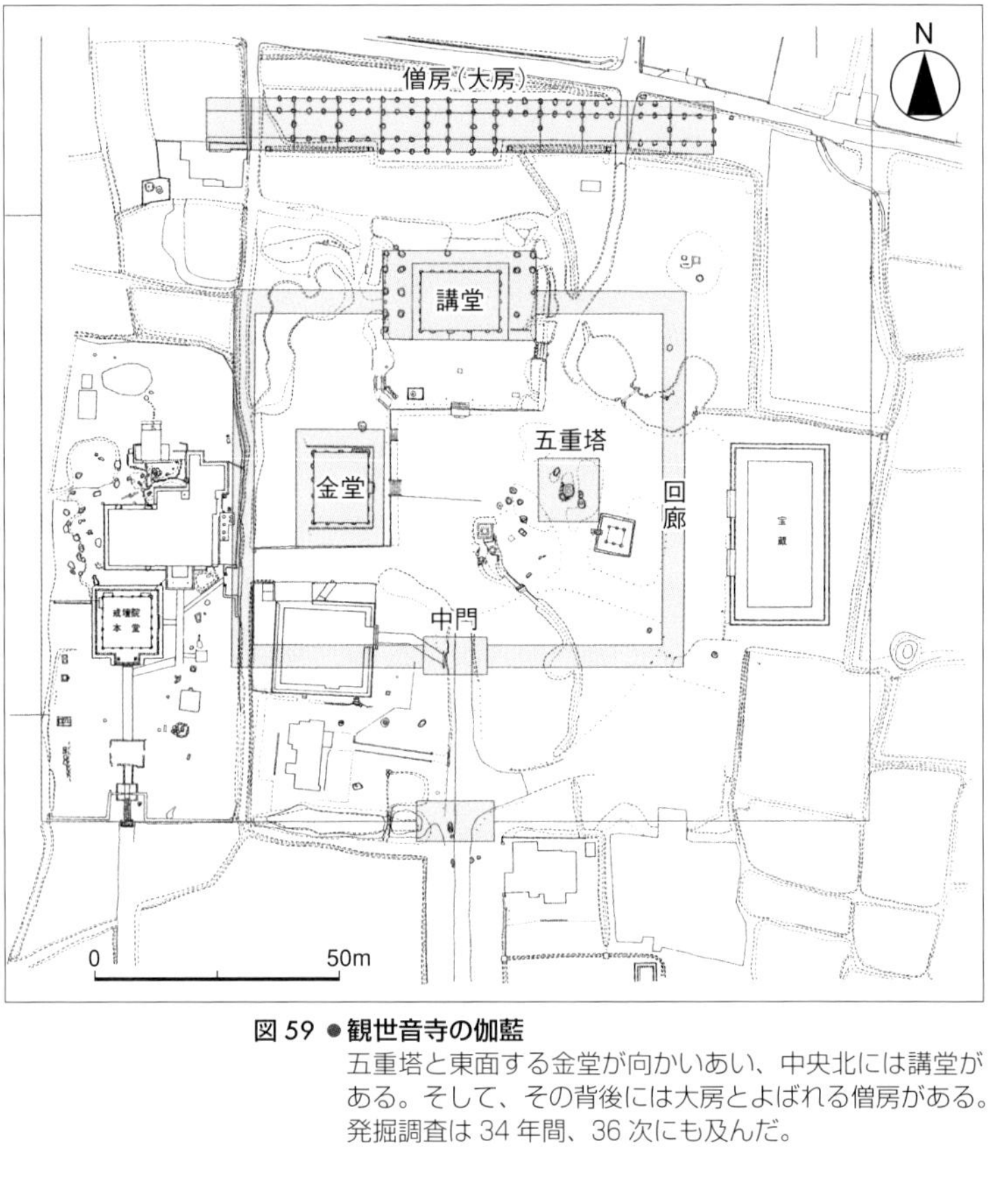

図 59 ● 観世音寺の伽藍
五重塔と東面する金堂が向かいあい、中央北には講堂がある。そして、その背後には大房とよばれる僧房がある。発掘調査は 34 年間、36 次にも及んだ。

　講堂については、建物周辺の地表に礎石が残っている（図60③）。現在の講堂よりもひとまわり規模が大きく、七×四間の四面廂建物（桁行三〇・〇メートル、梁行一五・三六メートル）である。創建以来、礎石は動いていないとみられていたが、発掘調査では、地表の礎石の下から、創建当初の礎石の痕跡を確認した（図60④）。そのため現在の地表の礎石は、再建された平安時代のものであることがわかった。

　講堂から中門にとりつく回廊は各地点のトレンチによって南北約七八メートル×東西約九二・六メートル四方の規模に復元される。さらに堂宇をとりかこむ区画施設については東側の推定地で南北の板塀を確認し

①僧房跡

②塔跡の調査

③講堂跡の調査

④講堂跡の礎石調査

図60 ● 発掘された観世音寺

①僧房跡は境内を対象にした最初の発掘調査で、現在復元整備されている。②塔跡の手前の石列は基壇化粧の一部。③講堂の調査では周辺部の礎石が原位置を保っている。④さらに下層から創建期の礎石の根石が確認された。

ている。その位置を中軸線から測ると、『資財帳』に記された五七丈（一七一メートル）の半分の距離となる八五・五メートルに近い。全体の寺域については、鏡山猛条坊案では方三町（約三二四メートル）四方に復元される。

観世音寺伽藍の大きな特徴として、金堂が東をむいている点があげられる。この正面に講堂、東に塔、西に東面する金堂からなる伽藍配置を、鏡山猛は〝観世音寺式〟とよんだ。金堂が塔とむかいあって東面する伽藍配置は、大和川原寺をはじめ、近江崇福寺、陸奥多賀城廃寺などにある。斉明天皇にゆかりのある寺院や朝廷が関与した国家的な寺院に採用されていることがわかる。とくに観世音寺では、川原寺式と同笵の複弁八弁蓮華文《れんげもん》の軒丸瓦が出土している。斉明天皇ゆかりの寺としてもかかわりが深い両寺であることから、その来歴が注目される。

観世音寺の遺宝

観世音寺は、国内外からもたらされたさまざまな文物の集積地でもあった。発掘調査では多くの貿易陶磁器が出土しているが、そのなかでひときわ目を引くのが唐三彩である（図61左）。

図 61 ●観世音寺の出土資料
今日も法灯を灯す観世音寺には、各時代のさまざまな遺物がある。なかでも、唐三彩（左）、金銅如来立像（中）、漆紙文書（右）などは希少性が高い資料。

この器の表面は緑、黄褐、白の三色の釉薬からなり、胴部には大小の宝相華文様《ほうそうげもんよう》のメダリオン（貼花文《ちょうかもん》）がある。本来は鍑《ふく》とよばれる獣脚がとりつく三足炉に復元される。製作時期は七世紀後半から九世紀、盛唐から晩唐の時代にあたり、遣唐使による舶来品と考えられる。

寺本来の宗教的な側面を強くみせる資料も数多い。その一つに金銅如来立像がある（図61中）。参道西側の中世の遺構から出土した、統一新羅時代の朝鮮半島製である。像高九・六センチで、右手を施無畏印《せむいいん》に左手を与願印《よがいん》としており、どことなく柔和な表情をもつ像である。

墨書土器などの文字資料もいくつかあるが、なかでも注意されるのが漆紙文書《うるしがみもんじょ》である（図61右）。文書が漆容器の紙蓋に転用されたもので、中身は唐の大衍暦による、季節あるいは日の吉凶がわかる具注暦《ぐちゅうれき》とよばれる暦である。七七九年（宝亀一〇）の暦を記したもので、界線がないことや注記に誤字が多いことから、大宰府内で官人あるいは僧侶によって書かれたと考えられている。

ところで、境内には、大寺の面影を偲ぶことができる文物もある。まず、目に入るのが、日本最古の梵鐘である

図62 ● 日本最古の観世音寺梵鐘
菅原道真の「不出門」のなかで、「観音寺にはただ鐘の聲をのみ聴く」と詠まれた。なお、製作年代から観世音寺の寺院活動の開始を考えるうえでも重要である。

（図62）。高さは一五九センチ、胴まわり八六・四センチの砲弾型で、重さは八〇〇キロを超えるともいわれる。鐘身には、新羅系古瓦と同じ唐草文様が配された帯が上・下にあり、中央の撞座は、瓦当文様と同じ蓮華文である。

この鐘は、京都妙心寺の鐘と兄弟鐘といわれ、型式的には少し古相を示している。妙心寺鐘には戊戌年（六九八）と刻まれているから、観世音寺

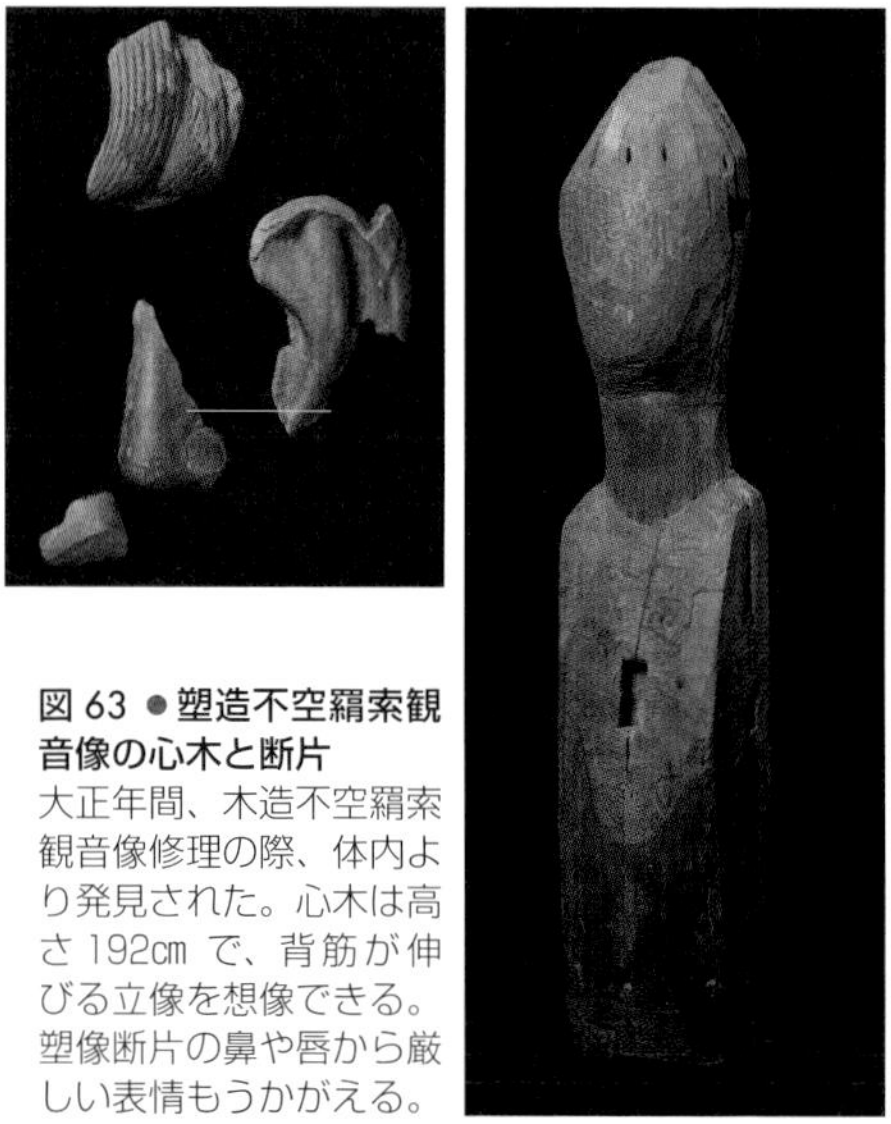

図 63 ● 塑造不空羂索観音像の心木と断片
大正年間、木造不空羂索観音像修理の際、体内より発見された。心木は高さ 192cm で、背筋が伸びる立像を想像できる。塑像断片の鼻や唇から厳しい表情もうかがえる。

図 64 ● 観世音寺宝蔵の仏像
宝蔵内には現在 18 躯の彫像が安置されている。なかでも平安後期から鎌倉にかけての丈六像は、府の大寺の威容と栄華を十分に偲ぶことができる。

の鐘の製作も七世紀末ごろと考えられている。

観世音寺には、今日まで多くの仏像が伝えられており、現在も境内東の宝蔵内で大切に安置されている。とくに平安時代後期から鎌倉時代にかけての、聖観音坐像《しょうかんのんざぞう》、十一面観音立像《じゅういちめんかんのんりゅうぞう》、馬頭観音立像《ばとうかんのんりゅうぞう》、不空羂索観音像《ふくうけんさくかんのんぞう》などの丈六像《じょうろくぞう》は、高さ五メートルを超えるものもあり、みる者を圧倒する（図64）。ただ、幾多の災難にあったため、創建時の像はほとんど失われており、奈良時代の講堂の本尊と考えられる塑造不空羂索観音像の断片や心木がわずかに残るのみである（図63）。これらは鎌倉時代に造られた木造不空羂索観音像の体内に納められていた。

このように、府の大寺とよばれた観世音寺には、現在も信仰の対象として引き継がれてきた多くの仏像をはじめ、かつての栄華を物語る文物が残されている。

2　大陸と西海の文化

大陸文化の周辺

大宰府は、大海を望んで唐や新羅などの諸外国と交渉をおこなう外交の拠点でもあり、いち早く海外の情報や文物がもたらされた。こうした地理的特質により、大陸や半島の文化を受容しながらも、都にもみられない、大宰府独自の文化を創出することになったのである。ここでは、大宰府を代表する資料をいくつかみてみよう。

大宰府式鬼瓦

奈良時代、礎石建ちとなった大宰府政庁は、都にならった儀礼空間として整備された。その朱色の柱によって立ち上がった建物の屋根には瓦が葺かれ、なかでも異彩を放ったのが、鬼瓦の存在である（図65）。

この鬼瓦は、大宰府式とよばれる。頬骨が高く盛りあがり、また眉間には縦に皺が入って、鼻は大きく膨らみ、目尻も吊り上っている。井形進は、こうした憤怒の表情をもつ、立体感豊かな鬼面の製作には、仏工が関与したと指摘する。実際、新羅の鬼瓦の影響を受けて成立したとされるが、そこにモチーフとしての影響は認めても、造形のうえから、直接つなげるには無理がある。また、同時代である平城宮に葺かれた鬼面文の鬼瓦とくらべても際立っている。やはり、大宰府独自の文化として、この鬼瓦が創出されたと理解したほうがよいだろう。

この鬼瓦は、大正時代に政庁北側の畠より出土し、おそらく大宰府政庁に葺かれたものであろうと推測さ

図65 ● 大宰府式鬼瓦（ⅠA式）
律令国家成立とともに礎石建ちとなった大宰府政庁をはじめ、大宰府の重要施設に葺かれた。鬼面をもつ鬼瓦としては最古のもの。右は大正期に大宰府跡で発見され（九州国立博物館蔵）、左は大宰府政庁跡で出土した（九州歴史資料館蔵）。どちらも重要文化財指定品。

れてきた。事実、政庁地区の西脇殿の調査では、同型式の鬼瓦が出土している。やはり、Ⅱ期大宰府政庁とともに成立したのであろう。

大宰府内で、この大宰府式鬼瓦（ⅠA式）が確認されるのは、大宰府政庁跡をはじめ、大野城跡太宰府口城門、水城跡などである。こうした重要な施設でみつかるのは、たとえば大宰府政庁であれば正殿など、高い位置から睨みつけるように、辟邪《へきじゃ》の機能を強く期待されてのことであったろう。加えて井形は、見上げる者に大宰府の「威武」を示す機能をとくに重視している。

大宰府式鬼瓦は、その形を変容させたものが、西海道各地の官衙や寺院で確認されている。その分布が大宰府管内であることからみても、大宰府文化を代表する資料といえる。

学校院と文様塼

学校院地区で特徴的に出土する資料に文様塼《もんようせん》があ

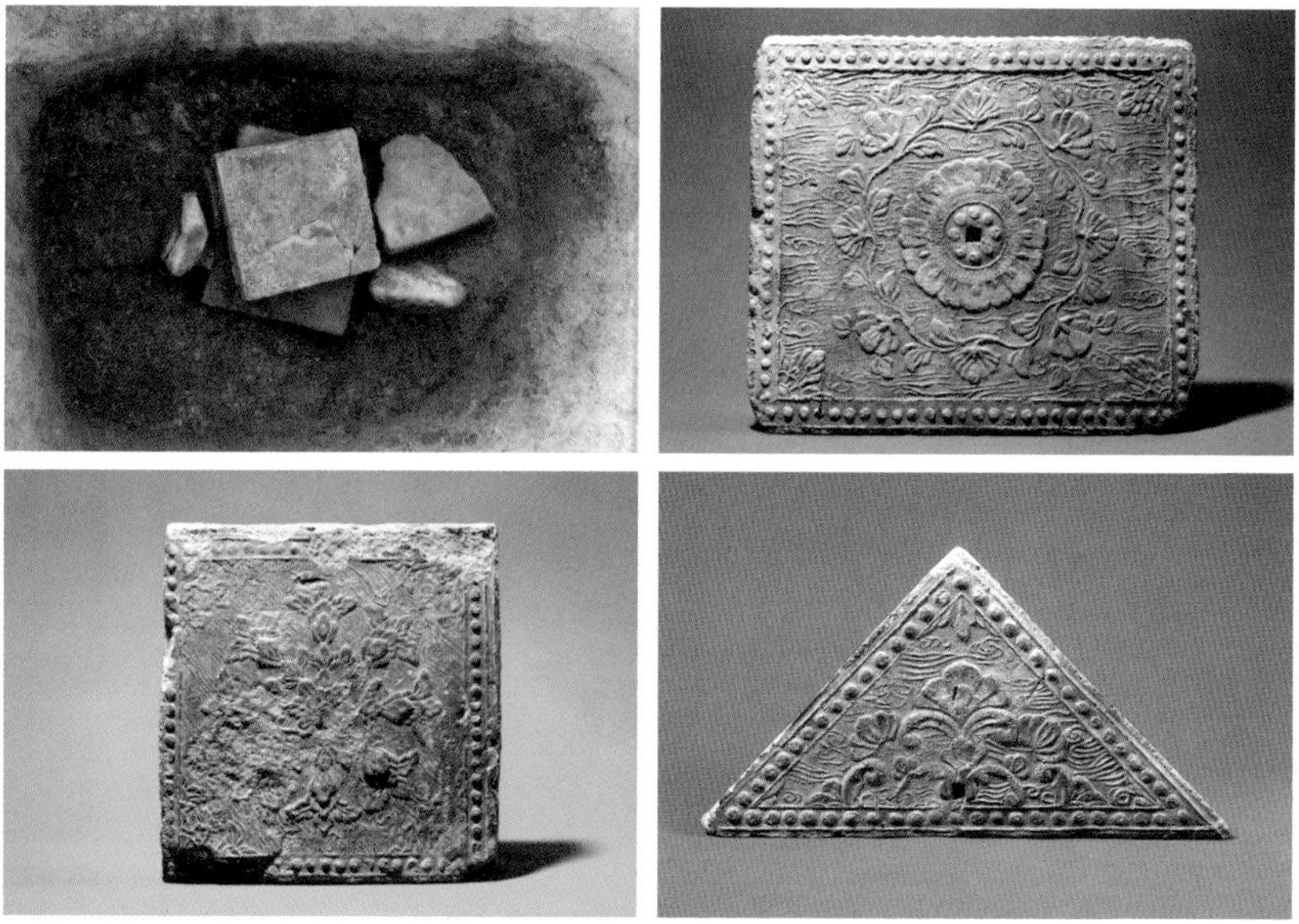

図66 ● 文様塼
3種類が知られる文様塼は、本来どのように使用されたか不明である。
学校院のほかには、大宰府政庁でも転用されて出土している。

る（図66）。古くより、この地区で出土することが知られていたが、実際、発掘調査では、掘立柱建物の柱の礎板に使用した文様塼があり、井戸からも出土している。やはり学校院を中心に使用されたのであろう。

本来、塼は基壇の装飾のために敷かれたタイルである。大宰府では、方形、長方形、三角形の三種類の文様塼が知られている。いずれも、外区に珠文をめぐらす点では共通しているが、内区の文様構成は塼によって異なる。たとえば、方形塼では、中央に宝相華文をおくのに対し、長方形塼では、中央に軒丸瓦にみられるような蓮華文を配しており、そのまわりに花文が派生する蔓唐草がある。

ただ、文様は異なっても、いずれの塼も水波文の上にこれらの華文様を配している。基壇などに敷かれたとき、水面に浮いた華にみえるようにデザインしたのであろう。

これらの文様塼は、学校院地区では八世紀末ごろの建物礎版に転用されているので、奈良時代に使われたのであろう。

図67 ● **越州窯系鍑**（観世音寺蔵）
球形に膨らむ胴部と獣脚は国内でも類例が知られない優品である。

大陸の陶磁器

大宰府では、中国大陸や朝鮮半島をはじめとする、海外のさまざまな陶磁器類が出土している。そのなかでも、初唐時代の優品で、国内でも出土例が限られる貴重な唐三彩がある。

先に触れた観世音寺の三足壺以外にも、三足の獣脚をもつ、越州窯系《えっしゅうようけい》青磁《せいじ》の鍑がある（図67）。かつて条坊内で発見され、現在は観世音寺に保管されているが、これまで国内に類例がない優品である。

観世音寺僧房跡では、井戸よりいくつかの貿易陶磁器が出土しており、他の土器とともに祭りの後に廃棄されたと考えられている。この陶磁器類でとくに目立つのが、越州窯系の碗類や壺（または水注）片などである。また、不丁地区官衙では、同じころと考えられる、胴部に特徴的なメダリオンをもつ長沙窯系《ちょうさようけい》の黄釉褐彩水注が出土している。

こうした陶磁器類は「初期貿易陶磁」とよばれ、九〜一〇世紀ごろに浙江省越州窯系、河北省刑窯系《けいようけい》白磁、湖南省長沙窯系などから将来されたことがわかっている（図68）。出土量としては少ないが、全国的にみると多量の陶磁器が北部九州で出土しており、なかでも大宰府観世音寺に集中している。

図68 ● 大宰府の貿易陶磁
平安時代には、越州窯系青磁や長沙窯系の陶磁器が数多くみられるようになる。この9〜10世紀の資料を初期貿易陶磁とよんでいる。

大宰府の萌

大宰府の施設に直接かかわる瓦の出現は、大野城や基肄城など、七世紀後半の朝鮮半島に起源をもつ山城で確認される。いわゆる朝鮮系古瓦の一つで、大き目の中房に一＋六あるいは八程度の蓮子をおき、広く短い単弁を八つもち、百済系単弁ともよばれる（図69）。これにともなう軒平瓦はよくわかっていないが、基肄城では深く彫られた三重弧文軒平瓦と組み合う。こうした軒丸瓦は、律令成立前夜、福岡平野に置かれた官衙や寺院に関する遺跡でも確認される。

奈良時代、大宰府では、大宰府政庁や観世音寺をはじめ、瓦葺建物となる官衙や寺院が数多く建立された。また、それにあわせて多くの瓦が生産され、消費されたのである。この大宰府にかかわる官衙や寺院を中心に葺かれた瓦は、小田富士雄によって「大宰府系古瓦」と総称されている。律令制の浸透とあわせて、西海道各地へと広がっていった。

そのなかに、老司《ろうじ》とよばれる特徴的な文様をもつ軒先瓦がある（図70左）。大きくⅠ式とⅡ式とに分かれ、Ⅰ式が文様構成からも古い。この老司Ⅰ式は、出土量の多さから、観世音寺の創建瓦であることもわかっている。軒丸瓦は複弁八弁蓮華文で、中房には一＋五＋一〇の蓮子を配し、外区に珠文と凸鋸歯文をめぐらす。軒平瓦は、右から左へ流れる偏行唐草文の上外区に珠文、下外区に凸鋸歯文を配している。福岡市老司瓦窯跡で発見されたことから、この名の

図69 ● 百済系単弁瓦
大野城跡・主城原地区からの出土。大きな中房にとりつく単弁が特徴である。

由来がある。瓦当文様の構成には飛鳥の藤原宮跡に葺かれた瓦との共通点が多い。年代に関しては七世紀末ごろと考えられており、九州を代表する古瓦の一つといえる。

八世紀のはじめに礎石式に替わったⅡ期大宰府政庁は、宮都にならった本格的な瓦葺建物であった。この大宰府政庁に主に葺かれた瓦が、鴻臚館《こうろかん》式とよばれる軒先瓦である（図70右）。軒丸瓦の中房に一＋四＋八の蓮子を配し、外区の内縁は珠文、外縁は素文となる。軒平瓦は、内区に均整唐草文を配し、唐草は左右に四回はど反転する。福岡市鴻臚館跡で発見されたことから、この名がある。平城京に建立された、大和興福寺の創建瓦の影響を受けたと考えられており、瓦葺となった大宰府の各施設に葺かれていった。

西海道各地の官衙や寺院では、老司式や鴻臚館式軒先瓦、大宰府式鬼瓦の影響を受けた瓦が数多くみられる。それには、八世紀中ごろに発願された、国分寺や国分尼寺の整備が大きな画期となっている。

大宰府周辺の丘陵斜面では、瓦窯跡が多数確認されており、官営工房としての一面をもっていたことがうかがえる。だが、

図70 ●**大宰府を代表する古瓦**
左は秀麗で特徴的な文様構成をもつ老司式Ⅰ期式軒先瓦で、大宰府成立前夜、7世紀末ごろの成立。右の鴻臚館式軒先瓦には、黒く燻されたものが多くみられる。どちらも小田富士雄によって設定された。

多くは消滅しているため、操業の時期や変化についてはよくわかっていない。それでも、一九七三年には、一〇世紀ごろの来木北瓦窯が確認されている（図71）。「有階無段登窯」で瓦を焼き台に使用しており、この時期の特徴がよくわかる。ただ、こうした瓦窯が大宰府の建物とともにどのように推移していくのか、今後に残された課題は大きい。

図71 ● 来木北瓦窯跡
有階無段登窯で瓦を焼き台に使用している。「佐」銘文字瓦や格子目文叩きの瓦が出土した。

3 古代大宰府の終焉

要衝の大宰府

七四〇年（天平一二）、式部省輔から大宰少弐に「左遷」された藤原広嗣《ふじわらのひろつぐ》が、兵一万人を動員して、吉備真備と玄昉の罷免を訴え、挙兵した。世にいう藤原広嗣の乱である。

この内乱に対して朝廷は、大野東人《おおののあずまひと》を追討将軍に任命し、兵一万七〇〇〇人を動員する。反乱自体は広嗣の敗走・斬刑によって数カ月後に鎮圧されたが、国家にとっては重大事件であり、政治的影響は大きかった。そのため、七四二年（天平一四）一月、大宰府は廃止される。そして、翌年にはかわって鎮西府《ちんぜいふ》が一時期置かれることとなった。この背景には、廃止前後から悪化していた新羅との関係上、それまでも大宰府の機能として重視された「辺境防備」のため、西海道の各国を超えた広域的な軍事機能の維持掌握があったとみられている。

こうした経過をみても明らかなように、古代律令国家における大宰府は、地方官衙でありながら、その地理的特質から、中央の政治的動向や対外情勢とも深くかかわっていたのである。

大宰府政庁の再建

大宰府の歴史のなかで大きな画期となったのは、九四一年（天慶四）の藤原純友の乱による大宰府政庁の焼失と再建であろう（表1）。第2章で触れたとおり、大宰府政庁の発掘調査では、Ⅱ期政庁の上に、焼土層をはさんでⅢ期政庁がほぼ同規模で再建されたことが確認された。

このⅢ期大宰府政庁の再建には、現地に赴任した大宰府の最高指揮官であった大宰権帥《だざいごんのそち》や大宰大弐だけでなく、在地の有力者の関与があったとみる意見が多い。その在地有

奈良時代	740年（天平12）	大宰少弐藤原広嗣の乱
	742年（天平14）	大宰府廃止
	743年（天平15）	筑紫鎮西府の設置
	745年（天平17）	大宰府復置
平安時代	869年（貞観11）	新羅海賊、博多津に侵入・略奪
	941年（天慶4）	藤原純友の乱・大宰府焼き討ち
	995年（長徳元）	藤原佐理、宇佐宮神人との闘乱で大宰大弐を解任
	1003年（長保5）	宇佐宮神人、大宰帥平惟仲を訴える（長保事件「宇佐宮司の訴え」）
		大宰典代長峯忠義、大宰府使となり宇佐宮宝殿を封じた罪で佐渡国に配流
	1009年（寛弘6）	大宰大弐藤原高遠、筑後守菅野文信の訴えにより政務を停止
	1019年（寛仁3）	刀伊の入寇、府官が撃退
	1031年（長元4）	大宰大弐藤原惟憲、大隅守菅野重忠射殺の罪に連座して処罰
	1037年（長暦元）	大宰権帥藤原実成、安楽寺での闘乱による訴えで辞任
	1046年（永承元）	大宰権帥藤原重尹、大宰府管内諸国の訴えにより停任
	1094年（嘉保元）	大宰大弐藤原長房が豊前国彦山僧徒の蜂起により辞任
	1117年（永久5）	大宰権帥源重資大宰府に赴任（最後の赴任官長）
	1120年（保安元）	観世音寺、東大寺の末寺となる

表1 ●大宰府を揺さぶった事件

力者層とは、後に府官《ふかん》とよばれる人たちであり、大宰府の各役所を実質的に運営したとみられている。

この府官の活動が活発となる時期には、大宰府が管内支配のなかで諸国や社寺の抵抗を激しく受ける事件が多くみられ、多くの帥が解任の目にあっている。つまり、大宰府の支配形態や官職のあり方が変容し、律令制も末期的な様相を帯びてくるのである。そして一一一七年（永久五）、大宰権帥に任命された源重資《みなもとのしげすけ》を最後に大宰府への赴任がなくなり、この時期までに、大宰府も実態を完全に喪失していくのである。

考古学からみた大宰府の終焉

純友の乱後の再建を経たⅢ期の大宰府政庁は、儀礼空間としていつごろまで維持されたのであろうか。たとえば文献史料では、一〇〇五年（寛弘二）、藤原高遠《ふじわらのたかとう》が大宰大弐に着任の際、庁座に著座したとある。この「庁」が大宰府政庁であった可能性があり、その場合、確実にこの時期までは政庁が存在していたことになる。

考古学的手法によって、最終期の遺構の状況を把握することは容易ではない。埋没遺構の上部は後世の撹乱や削平を受けることが多く、それは大宰府政庁も例外ではない。

限られた資料ではあるが、発掘調査からみると、Ⅲ期政庁の遺構の廃絶を示す時期的に古い資料は、東北隅回廊や西回廊、北門にあり、おおむね一一世紀前半から中ごろに比定される。つまり、この時期に、儀礼的空間としての大宰府政庁総体が維持されなくなった可能性が高い。

ただし、西脇殿の基壇上には、基壇と方位を合わせる「溝状遺構」があり（図72）、一一世紀後半以降にもまだ人為的な痕跡が認められ、なんらかの活動があったことはたしかである。

その後一二世紀前半には、西回廊の基壇を崩壊させる大規模な撹乱がみられ、このころに完全に廃絶したのであろう。そして一三世紀以降、正殿基壇東から前面部にかけて流路状の大規模な撹乱があり、自然崩壊による政庁の荒廃が進んでいった様子がうかがえる。

このように、現状では、一一世紀中ごろには儀礼空間としてのⅢ期大宰府政庁の衰退が顕著となり、遅くとも一二世紀前半には建物施設としても完全に廃絶したといえるだろう。

大宰府政庁が終焉を迎えるころ、府庁域など周辺の官衙はどのような状況だったのだろうか。Ⅲ期政庁がまだ活動していた一一世紀はじめごろの政庁正面付近は、空閑地であった可能性が高い。つまり、かつての官衙域とは異なる景観があった。また同じころ、大宰府では、学校院あるいは観世音寺の東方での活動が活発となることが発掘調査でも確認されている。これは新たに展開していく中世太宰府とかかわるものであろう。

こうした状況から、考古学的にみると、一二世紀はじめごろ、古代大宰府は中枢施設・大宰府政庁の終焉をもって、約五〇〇年にわたる歴史の幕を完全に閉じたといえる。

図72 ●西脇殿の溝状遺構
西脇殿の基壇上の溝は、基壇と軸を並行して直線的に掘られている。また、政庁内でなんらかの活動があった痕跡であろう。

第6章　大宰府史跡

1　先学者たち

近世・近代の顕彰

威容を誇った古代の大宰府は、長らく歴史のなかに埋没していた。この大宰府にふたたび光があてられたのは近世以降のことである。

先駆けとなったのは、福岡藩儒者の貝原益軒であった。一七〇三年（元禄一六）に記された『筑前国続風土記』のなかで、「太宰府址」の現状や歴史的位置について述べたのである。そして一九世紀以降、絵図によって大宰府を記録した資料が数多くみられるようになる。なかでも「文政三庚辰年三月観世音寺村之内旧跡礎現改図」（図73）は、観世音寺境内、都府楼跡、蔵司跡など、三地区の礎石の現状を正確に記録しており、今日でも重要な資料となっている。

近世に萌芽した古代大宰府の顕彰は、そのまま明治期にも引き継がれ、政庁の正殿跡には、相次いで碑が建てられた。中央にある「都督府古址」を一八七一年（明治四）に御笠郡乙金村の大庄屋・高原善七郎美徳《びとく》が、そして西の「太宰府址碑」を一八八〇年（明治一三）に御笠郡有志が建立した。一方、東の「太宰府碑」は、寛政年間に亀井南冥《なんめい》が撰文したもので、一九一四年（大正三）に、学派につながる弟子たちによって建てられた。

大宰府研究の黎明

本格的な発掘調査以前、大宰府研究は、地表に残る礎石や採集遺物、文献史料などによりおこなわれていたが、大正期に興った実証主義的方法の導入によって研究は大きく進展した。

そして一九三〇年（昭和五）には、九州帝国大学の長沼賢海《けんかい》によって水城跡の木樋の調査がおこなわれた。大宰府の遺跡にかかわる本格的な発掘調査であり、木樋の構造が究明されている。

さらに戦後、九州大学内に置かれた九州文化綜合研

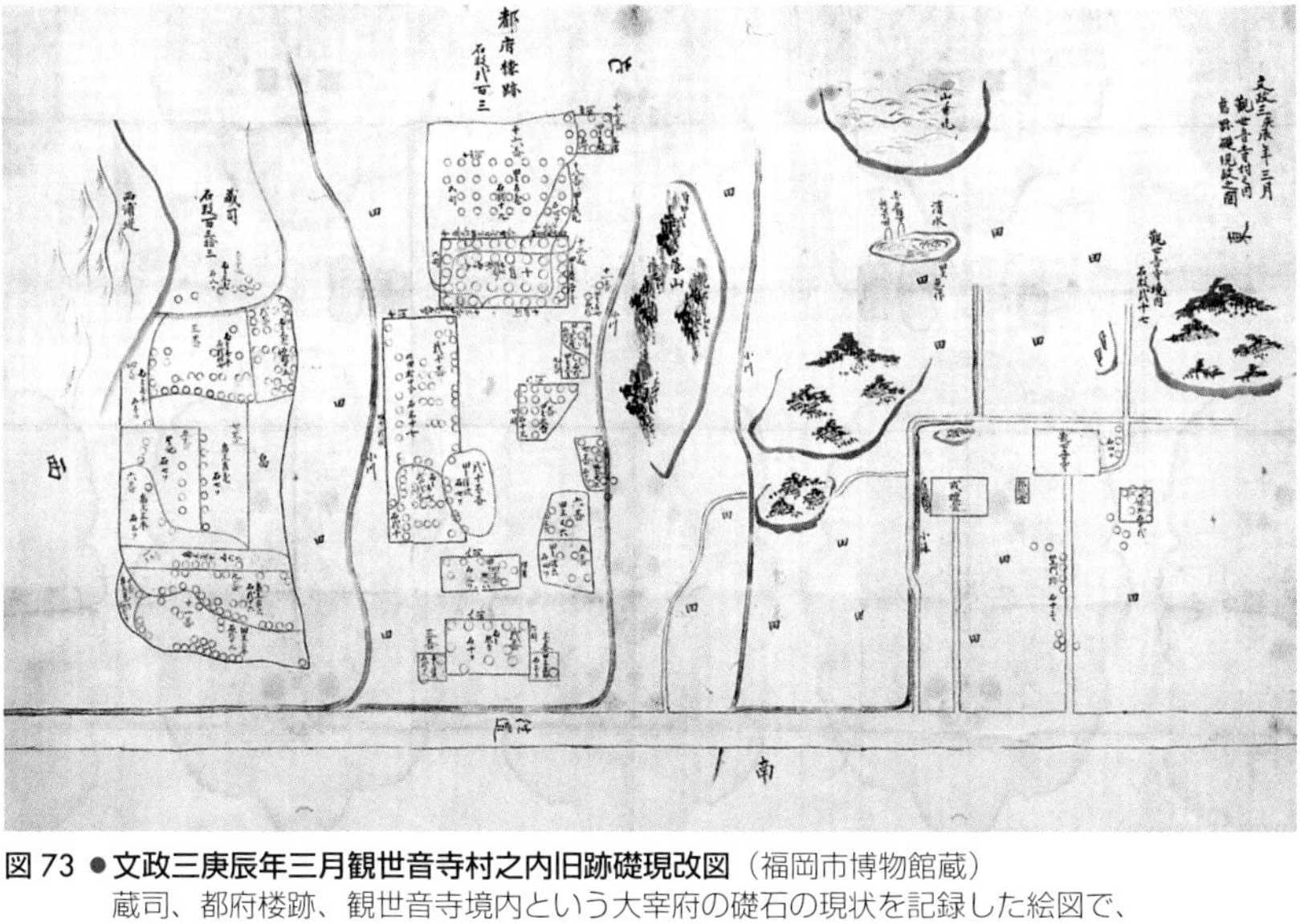

図73 ● 文政三庚辰年三月観世音寺村之内旧跡礎現改図（福岡市博物館蔵）
蔵司、都府楼跡、観世音寺境内という大宰府の礎石の現状を記録した絵図で、建物や礎石の現状を知ることができる。350個以上の礎石が描かれているが、現存する礎石はこの3分の1以下となっている。

究所によって、「大宰府の都制と文化の調査研究」が実施された。それは、文献班（竹内理三）、美術班（谷口鉄雄）、考古班（鏡山猛）に分かれた学際的な調査であった。

こうした流れのなかで、後の大宰府史跡の発掘へつながる考古学的な基礎をつくったのは、九州大学の鏡山猛と、教え子の渡辺正氣や小田富士雄たちであった。とくに鏡山は大野城や基肄城の測量調査、観世音寺の発掘調査（図74）など、大宰府にかかわる重要な遺跡の調査を指揮しており、一連の研究は、一九六八年に『大宰府都城の研究』として上著された。それは戦前より続く大宰府研究の到達点でもあった。

2 大宰府史跡の歩み

大宰府史跡の保存問題

一九六三年、四王寺山南麓に大規模な宅地造成計画がもちあがった。それは、大宰府政庁、観世音寺とその背後にそびえる大野城という、古代からの景観を大きく変えてしまう、大宰府史跡にとって危機的な事態であった。そして一九六六年一〇月、国と協議を重ねた太宰府町（当時）と福岡県は、大宰府史跡の指定拡張を文化財保護委員会へ申請することを決めたので

図74●観世音寺講堂跡の調査（1959年）
中央に住職・石田琳圓、鏡山猛、福山敏男がいる。まわりには、若き日の澤村仁、金関恕、渡辺正氣、小田富士雄、金正基らの姿もみえる。

ある。この指定地の拡張案は大宰府政庁・観世音寺の背後から大野城をつなぐ範囲とするもので、それまでの十数ヘクタールを約一二〇ヘクタールに拡大するという大規模なものであった。しかし、土地に規制がかかることや、史跡地の放置状態への不満が重なり、指定拡張に対して、地元の人びとが大規模な反対運動を展開することとなったのである。この大宰府の保存問題は、国会でも幾度かとり上げられ、日本における開発と遺跡保存問題を代表する象徴的なできごとになっていった。

大宰府史跡の発掘

大宰府では、発掘調査成果の提示によって、史跡指定について地元の人びとに理解と協力を求めていくことが急務とされた。

発掘調査体制を整える準備は指定拡張問題と並行して進められた。一九六八年七月には第一回大宰府史跡発掘調査指導委員会が開催され、竹内理三委員長（国史）と鏡山猛副委員長（考古）をはじめ、当時各界の第一線で活躍する人たちが選任された。そして、九月には奈良国立文化財研究所より、藤井功が福岡県教育委員会に着任して、調査体制が整えられた。彼は平城宮跡保存問題を経験した人で、その人柄と実行

図75 ● **大宰府史跡発掘調査指導委員会**
左から坂本太郎、鏡山猛、岸俊男、竹内理三、井上辰雄、浅野清、藤井功、小田富士雄。調査を担当した藤井功は、大宰府史跡保存のため、史跡に暮らす地元住民との交流を大切にした人であった。

力を買われての人選であった（図75）。

そして一〇月一九日、大宰府政庁跡で鍬入れ式が実施され、この年の一二月三日、福岡県教育委員会は大宰府政庁の中門・南門跡から発掘調査を開始したのである。

この発掘調査の成果は2章で述べたとおり、大宰府の重要性を伝えるだけでなく、まだ多くの遺跡が眠っていることを予測させるには十分であった。

大宰府史跡の指定拡張

一九七〇年九月二一日、文化庁は大宰府史跡の指定拡張を官報告示した。特別史跡大宰府跡の追加指定をはじめ、「史跡大宰府学校院」「史跡観世音寺境内および子院跡」が新たに指定され、史跡面積は約一二〇ヘクタールとなった。指定拡張が予定されてから、すでに四年近くの歳月が経過していたが、ここに至るまでには、地元の人びとや町、さらには国や県で、数えきれないくらいの議論の積み重ねがあった。「これらの史跡地はたまたま残ったのではない。行政と住民双方の苦闘と努力の結晶として残されたのである。それ自体が一つのモニュメントといってよいであろう」と、当時、文化庁調査官であった平野邦雄は振り返る。

その後、一九七二年には、「大宰府関連遺跡」の総合的な整備の構想として、「大宰府歴史公園の基本構想」が提示された。そして翌年には、この構想をもとにした整備計画による環境整備事業が実施されていった。結果、大宰府政庁の平面復元整備などがおこなわれ、今日の大宰府史跡の景観の基礎が形づくられていったのである。

大宰府史跡の未来

大宰府史跡の発掘調査は、今日まで続けられている。そして、その間に得られた数多くの調査成果によって、古代大宰府のたしかな歴史像が築き上げられてきた。ただ、いまなお多くの発見が物語るように、私たちはその巨大な実像の一部をみているにすぎないのかもしれない。

かつて、先人たちがこの遺跡と向かい合い、土の中から掘り出された確かな歴史をもって、その未来をみたとき、大宰府史跡は消滅を逃れ、大きな広がりをもって残された。そして現在、この保存された大規模な遺跡の活用が自治体や市民によって積極的に進められている。その歴史からみると、まさに隔世の感がある。しかし、それもまた、千数百年という長い年月を歩みつづけてきた、ある時代の大宰府の姿なのであろう。

そのように考えると、今一度、この都府楼の礎石の前に立って、その長い歴史に思いを馳せながら、今日の姿を重ねてみるとき、この地の確かな未来の姿も、またみえてくると思うのである。

図76 ● 今日の大宰府政庁跡（2011年撮影）
2018年、この大宰府政庁跡から開始された発掘調査は50年を迎えた。大宰府史跡調査研究指導委員会において、往時の大宰府の姿を理解できる復元的研究を進め市民とともに共有する歴史像の構築、「大宰府城の復元」が提言された。また、2015年には「古代日本の「西の都」〜東アジアとの交流拠点〜」が日本遺産に選定されている。いま、大宰府史跡は新たな段階にある。

参考文献

赤司善彦『大宰府跡』同成社　二〇二四年
石松好雄・桑原滋郎『大宰府と多賀城』岩波書店　一九八五年
井形進「大宰府庁域考」『大宰府古文化論叢』上巻　吉川弘文館　一九八三年
井形進「大宰府式鬼瓦小考」『九州歴史資料館研究論集』二八　九州歴史資料館　二〇〇三年
井形進編『観世音寺』九州歴史資料館　二〇〇六年
井上信正「大宰府条坊区画の成立」『考古学ジャーナル』No.五八八　ニューサイエンス社　二〇〇九年
井上信正「大宰府朱雀大路沿いの大型建物群と出土品」『都府楼』四二号　古都大宰府保存協会　二〇一〇年
小鹿野亮「大宰府羅城門とその周辺」『都府楼』四〇号　古都大宰府保存協会　二〇〇八年
小田富士雄『九州考古学研究―歴史時代編―』学生社　一九七七年
小田富士雄「百済熊津・泗沘期の都城制と倭―特に倭京～大宰府との関係について」『古文化談叢』四九　九州古文化研究会　二〇〇三年
鏡山猛『大宰府都城の研究』風間書房　一九六八年
鏡山猛『大宰府遺跡』ニューサイエンス社　一九七九年
九州歴史資料館編『大宰府政庁跡』吉川弘文館　二〇〇二年
九州歴史資料館編『観世音寺』全五冊　吉川弘文館　二〇〇七年
九州歴史資料館編『水城跡』上・下　二〇〇九年
九州歴史資料館編『開館記念特別展　大宰府―その栄華と軌跡―』二〇一〇年
倉住靖彦『古代の大宰府』吉川弘文館　一九八五年
重松敏彦編『西都逍遥』古都大宰府保存協会　二〇〇八年
杉原敏之「大宰府政庁のI期について」『九州歴史資料館研究論集』三三号　九州歴史資料館　二〇〇七年
杉原敏之「大宰府史跡の発掘―四〇年のあゆみから―」『都府楼』四〇号　古都大宰府保存協会　二〇〇八年
杉原敏之『大宰府』『古代官衙』考古調査ハンドブック11　ニュー・サイエンス社　二〇一四年
杉原敏之「大宰府の探究」『都府楼』五四号　古都大宰府保存協会　二〇二三年
高倉洋彰『大宰府と観世音寺』海鳴社　一九九八年
竹内理三「大宰府と大陸」『古代アジアと九州』九州文化論集　一九七二年
藤井功・亀井明徳『西都大宰府』NHKブックス　一九七七年
横田賢次郎「大宰府政庁の変遷について」『大宰府古文化論叢』上巻　吉川弘文館　一九八三年
横田賢次郎「大宰府史跡発掘調査四〇周年によせて」『都府楼』四〇号　古都大宰府保存協会　二〇〇八年

大宰府政庁跡

・福岡県太宰府市観世音寺4—6—1
・交通　西鉄天神大牟田線「都府楼前」駅より徒歩15分、またはコミュニティバスまほろば号で「大宰府政庁跡」下車。

大宰府の中枢・政庁跡が公園として開放されている。Ⅲ期政庁の礎石位置が表示され、背後の大野城跡を望む景観も保存され往時をしのぶことができる。

大宰府展示館

・太宰府市観世音寺4—6—1
・電話：092（922）7811
・開館時間　9：00〜16：30
・休館日　月曜日（祝日等の場合はその翌日）、年末年始
・入館料　一般200円、高・大学生100円、小・中学生無料

古都大宰府保存協会が運営。大宰府政庁跡にあり、大宰府政庁の遺構や出土品を公開しており、政庁跡の理解を深めることができる。協会の史跡解説員が展示と政庁跡を解説してくれる。

観世音寺

・太宰府市観世音寺5—6—1

梵鐘は日本最古で国宝。宝蔵で平安時代から鎌倉時代にかけての仏像（重要文化財）等を展示。

宝蔵の開館時間は9：00〜17：00（入館は16：30まで）、年中無休、拝観料は大人500円、高・大学生300円、小・中学生150円。

太宰府市文化ふれあい館

・太宰府市国分4—9—1
・電話：092（928）0800
・開館時間：9：00〜17：00
・休館日：月曜日（祝日等の場合はその翌日）、年末年始

主な史跡の紹介、企画・特別展を開催。

九州国立博物館

・太宰府市石坂4—7—2
・電話　050（5542）8600
・開館時間　9：30〜17：00（入館は16：30まで）
・休館日　月曜日（祝日等の場合はその翌日）、年末
・観覧料（文化交流展）一般700円、大学生350円、高校生以下・70歳以上の方無料

常設展示の文化交流展で日本の対外文化交流の歴史を展示している。

九州歴史資料館

・福岡県小郡市三沢5208—3
・電話　0942（75）9575
・開館時間　9：30〜16：30（入館は16：00まで）
・休館日　月曜日（祝日等の場合はその翌日）、年末年始
・観覧料　第1・3展示室のみ有料で、一般210円、高・大学生150円、中学生以下・65歳以上の方無料
・交通　西鉄天神大牟田線「三国が丘」駅より徒歩約10分。

九州や福岡県域の歴史を語るうえで重要な資料を展示する第1展示室で、大宰府出土の遺物を見ることができる。

遺跡には感動がある

――シリーズ「遺跡を学ぶ」刊行にあたって――

「遺跡には感動がある」。これが本企画のキーワードです。

あらためていうまでもなく、専門の研究者にとっては遺跡の発掘こそ考古学の基礎をなす基本的な手段です。また、はじめて考古学を学ぶ若い学生や一般の人びとにとって「遺跡は教室」です。

日本考古学では、もうかなり長期間にわたって、発掘・発見ブームが続いています。そして、毎年厖大な数の発掘調査報告書が、主として開発のための事前発掘を担当する埋蔵文化財行政機関や地方自治体などによって刊行されています。そこには専門研究者でさえ完全には把握できないほどの情報や記録が満ちあふれています。しかし、その遺跡の発掘によってどんな学問的成果が得られたのか、その遺跡やそこから出た文化財が古い時代の歴史を知るためにいかなる意義をもつのかなどといった点を、莫大な記述・記録の中から読みとることははなはだ困難です。ましてや、考古学に関心をもつ一般の社会人にとっては、刊行部数が少なく、数があっても高価なその報告書を手にすることすら、ほとんど困難といってよい状況です。

いま日本考古学は過多ともいえる資料と情報量の中で、考古学とはどんな学問か、また遺跡の発掘から何を求め、何を明らかにすべきかといった「哲学」と「指針」が必要な時期にいたっていると認識します。

本企画は「遺跡には感動がある」をキーワードとして、発掘の原点から考古学の本質を問い続ける試みとして、日本考古学が存続する限り、永く継続すべき企画と決意しています。いまや、考古学にすべての人びとの感動を引きつけることが、日本考古学の存立基盤を固めるために、欠かせない努力目標の一つです。必ずや研究者のみならず、多くの市民の共感をいただけるものと信じて疑いません。

二〇〇四年一月

戸沢充則

著者紹介

杉原敏之（すぎはら・としゆき）

1968年、山口県生まれ
明治大学文学部史学地理学科考古学専攻卒業
福岡県教育庁教育総務部文化財保護課 参事兼課長技術補佐
主要著作 「大宰府政庁のⅠ期について」『九州歴史資料館研究論集』32、「大宰府政庁の終焉」『九州歴史資料館研究論集』33、「西海の官衙　大宰府」『古代の都2　平城京の時代』吉川弘文館、「大宰府—対外交渉の拠点」『古代史講義［宮都編］』ちくま新書ほか

写真提供（所蔵）
九州歴史資料館：図2・4・6～10・13・14・16・19・22～38・40～46・54・60・61・65・66・68～71・72・75
九州歴史資料館（観世音寺所蔵）：57・58・62・63（左）・64・67
福岡市教育委員会・埋蔵文化財センター：図15
太宰府市教育委員会：図50～53・55・56・63（右、観世音寺所蔵）
財団法人古都大宰府保存協会：図1・5
福岡市博物館：図73
小田和利：図21
小田富士雄：図74
上記以外は著者

図版出典（一部改変）
図3：国土地理院20万分の1地勢図「福岡」
図8・11・12・17・18・20・24・26・39・42・59：九州歴史資料館
図23：大野城市教育委員会2010『特別史跡大野城跡』（原図：阿部義平1989・朴淳發2000）参照作成
図32：大野城市教育委員会2010『特別史跡大野城跡』参照作成
図47：九州歴史資料館講演会資料
図48：鏡山猛1968『大宰府都城の研究』風間書房
図49：井上信正2011「大宰府条坊の基礎的研究」『年報　太宰府学』第5号、太宰府市市史資料室

シリーズ「遺跡を学ぶ」076
〈改訂版〉遠《とお》の朝廷《みかど》　大宰府《だざいふ》

2011年　8月 15日　第1版第1刷発行
2024年　6月 10日　改訂版第1刷発行

著　者＝杉原敏之

発　行＝新 泉 社

東京都文京区湯島1－2－5　聖堂前ビル
TEL 03（5296）9620 ／ FAX 03（5296）9621

印刷／萩原印刷　製本／榎本製本

ISBN978－4－7877－2246－1　C1021

シリーズ「遺跡を学ぶ」

13
古代祭祀とシルクロードの終着地　沖ノ島
弓場紀知　１５００円＋税

玄界灘に浮かぶ孤島・沖ノ島。照葉樹林におおわれた巨岩群に古代祭祀の世界が残されている。岩上・岩陰の〝神殿〟とそこにおかれた貴重な奉献品の数々は何を意味するのか。大陸・韓半島の遺跡・遺物との比較検討から、沖ノ島祭祀遺跡の意義を明らかにする。

61
中世日本最大の貿易都市　博多遺跡群
大庭康時　１５００円＋税

海をはさんで大陸とむきあう博多は、中世、大陸との貿易・交流の中心地だった。宋商人が住んだ「博多津唐房」、元軍の襲来に備えた元寇防塁、道路と町並みの遺構、膨大な量の中国陶磁器などから、東アジアの人とモノが交錯する貿易都市・博多の姿を明らかにする。

95
東アジアに開かれた古代王宮　難波宮
積山洋　１５００円＋税

「大化改新」という大規模な国制変革によって造営された飛鳥時代の難波宮。聖武天皇が再建した奈良時代の副都難波宮。一九五〇年代まではその場所もわからず「幻の宮」であったが、大阪城南方の発掘調査によって予想を超える壮麗な宮室が姿をあらわした。

144
日本古代国家建設の舞台　平城宮
渡辺晃宏　１６００円＋税

唐の律令制を取り入れ独自の律令国家形成を推し進めた八世紀の古代日本の政治・行政の中枢、平城宮。律令国家建設の生きた証といえる、特別史跡・世界遺産平城宮跡の真の姿を、六〇年におよぶ継続的な発掘調査の成果から明らかにする。

163
奴国の王都　須玖遺跡群
井上義也　１７００円＋税

漢の皇帝に「漢委奴国王」の金印を授けられた王が君臨し、邪馬台国とともに『魏志』倭人伝に大国と記された奴国。多くの国が乱立するなか、かの地の人びとはなぜ大国を築けたのか。福岡平野を望む丘陵上に残された王都・須玖遺跡群から、その繁栄の実態と理由をさぐる。